1940년 9월, 본회퍼의 행동이 국민을 분열시킨다는 이유로 발언 금지 조치를 당하다. 관할 경찰서에 주소지 신고 의무를 부과받다.

1941년 10월, 베를린에서 유대인이 추방당하기 시작하자, 이들을 방첩대 요원으로 위장해 구출하는 "작전7"을 수행하다.

1943년 1월 13일, 37세에 마리아 폰 베데마이어와 약혼하다.
4월 5일, 게슈타포의 가택수색으로 한스 폰 도나니 부부, 요제프 뮐러 부부와 함께 체포되다.

1944년 1월, 수사책임자 뢰더가 교체되어 기소가 무기한 연기되다.
7월 20일, 슈타우펜베르크가 히틀러 암살을 시도하다.
9월 22일, 게슈타포 수사관 존더레거가 초센 방첩대 방공호에서 히틀러의 범죄성을 입증할 증거자료로 보관하던 문서철을 적발하다.
10월, 프린츠-알브레히트-슈트라세 게슈타포 지하 감옥으로 이송되다.

1945년 2월 7일, 부헨발트 강제수용소로 이송되다.
4월 3일, 부헨발트에서 레겐스부르크로 이송되다.
4월 6일, 쉔베르크(바이에른 삼림지대)로 이송되다. 이틀 뒤 플로센뷔르크로 이송되어, 야간에 즉결재판을 받다.
4월 8일, 플로센뷔르크로 이송되어, 야간에 즉결재판을 받다.
4월 9일 새벽, 플로센뷔르크 강제수용소에서 39세의 나이로 교수형에 처해지다. "이로써 끝입니다. 하지만, 나에게는 삶의 시작입니다"라는 마지막 말을 남기고 떠난 그의 묘비에 "디트리히 본회퍼, 그의 형제들 가운데 서 있는 예수 그리스도의 증인"이라는 비문이 새겨지다.

1951년 9월, 뮌헨의 카이저 출판사가 유고 문서집 『옥중서신 — 저항과 복종 Widerstand und Ergebung』을 출간하다.

1996년 8월 1일, 베를린 지방법원이 본회퍼의 복권 탄원건에 대해 "본회퍼의 행동은 결코 국가를 위대롭게 할 의도가 아니었으며, 오히려 나치의 폐해로부터 국가와 국민을 구한 행동이었다"는 취지로 판결하다.

복 있는 사람

오직 여호와의 율법을 즐거워하여 그 율법을 ⋯⋯
저는 시냇가에 심은 나무가 시절을 좇아 과실을 맺으며 ⋯⋯ 마름 들르 니
그 행사가 다 형통하리로다. (시편 1:2-3)

『창조와 타락』은 히틀러가 총통으로 취임했던 1933년 불과 27세에 지나지 않았던 본 회퍼가 베를린의 젊은 신학생들을 대상으로 한 강연 내용을 풀어낸 것이다. 전체주의의 불길한 기운이 감도는 때 본회퍼는 창세기의 첫 세 장을 그리스도론적 시각에서 조명한다. 그리스도께서 개시하신 궁극적 새로움의 관점에서 보면 제3제국의 존립 근거는 부정될 수밖에 없다. 엄혹했던 시기에 가장 예민한 통찰력과 정밀한 신학적 논거로 자기 시대의 문제를 폭로했던 이 젊은 천재 앞에 경의를 표하지 않을 수 없다.

김기석 청파교회 담임목사

『창조와 타락』은 본회퍼가 20대 후반에 강의한 내용을 정리한 것입니다. 이 책을 읽다 보면 "그 젊은 나이에 어떻게 이토록 심오한 성찰을 했을까?"싶어서 자주 놀랍니다. 그리스도에 대해 논하는 것 그리고 창조와 타락에 대해 논하는 것은 "논할 수 없는 것"을 논하려는 시도입니다. 저자는 모든 언어와 논리가 무익해지는 영역에서 어떻게든 언어와 논리로 그 신비를 풀어 보기 위해 진력합니다. 그렇기에 『나를 따르라』나 『성도의 공동생활』 같은 책처럼 쉽게 읽히지 않습니다. 때로는 저자의 뜻을 헤아리기 어렵습니다. 그러나 그래서 더욱 신뢰가 느껴집니다. 이 글을 읽는 것은 마치 영적 시간 여행을 하는 것 같고 앉아서 우주여행을 하는 것 같습니다. 그리고 영적 세계를 꿰뚫어 보는 번개 같은 통찰들을 만납니다.

김영봉 와싱톤사귐의교회 담임목사

창세기 1-3장에 대한 신학적 주석인 이 책은 "창조는 결코 반복할 수 없게 태초에 일회적으로 자유롭게 일어난 사건이다"라는 선언과 함께 본문을 구절, 개념, 사상 단위로 해석한다. 하나님의 이 자유에 의한 창조는 하나님과 피조물의 관계를—그리스 사상이 말하듯—필연적 유출로 보지 못하게 한다. 하나님과 피조물의 관계는 지극히 무조건적이다. 창조는 하나님의 자기 결핍을 위한 불가피한 것이 아니다. 루터의 창세기 이해(1545년) 전통에 선 본회퍼의 "무無로부터의 창조Creatio ex nihilo"에 대한 1장의 해설은 가히 압권이다. 결론적으로 이 책은 창세기 본문에 대한 신학적 성서 해석의 전범典範을 보여주며, 로마서의 구원론에까지 이르는 창세기 1-3장의 이신칭의론적 해석의 놀라운 통찰을 하게 한다.

김회권 숭실대학교 기독교학과 교수

창조와 타락 — 창세기 1-3장의 신학적 주석

Dietrich Bonhoeffer

Schöpfung und Fall

Dietrich Bonhoeffer

창조와

타락 — 창세기 1-3장의

신학적 주석

Schöpfung

und Fall — Theologische

Auslegung von Genesis 1-3

디트리히 본회퍼 지음

김순현 옮김

복 있는 사람

창조와 타락 ― 창세기 1-3장의 신학적 주석

2019년 5월 14일 초판 1쇄 발행
2023년 3월 20일 초판 2쇄 발행

지은이   디트리히 본회퍼
옮긴이   김순현
펴낸이   박종현

(주) 복 있는 사람
주소   서울특별시 마포구 연남동 246-21 (성미산로23길 26-6)
전화   02-723-7183 (편집), 7734 (영업·마케팅)
팩스   02-723-7184
이메일   hismessage@naver.com
등록   1998년 1월 19일 제1-2280호

ISBN   979-11-92675-44-2 03230

이 도서의 국립중앙도서관 출판예정도서목록(CIP)은
서지정보유통지원시스템 홈페이지(http://seoji.nl.go.kr)와 국가자료공동목록시스템
(http://www.nl.go.kr/kolisnet)에서 이용하실 수 있습니다. (CIP 제어번호: 2019012763)

Schöpfung und Fall ‒ Theologische Auslegung von Genesis 1-3
by Dietrich Bonhoeffer

Originally published in 1957 in German under the title
Schöpfung und Fall ‒ Theologische Auslegung von Genesis 1-3 by Chr. Kaiser Verlag
All rights reserved.
This Korean translation edition © 2019 by The Blessed People Publishing Inc.,
Seoul, Republic of Korea.

차례

해설의 글

본회퍼의 대표작들을 새롭게 번역하여 출판하게 된 것을 매우 기쁘게 생각한다. 이 가운데는 그의 신학의 넓이나 깊이를 볼 수 있는『창조와 타락』, 그리고 그의 사후에 출판된『윤리학』과 학생들의 강의 노트를 베트게가 편집해서 낸『그리스도론』과 시편을 가지고 기도하는 법을 가르치는『성경의 기도서』도 포함되어 있는가 하면 이보다 훨씬 더 널리 알려진『옥중서신』,『나를 따르라』,『성도의 공동생활』도 들어 있다. 메시지의 강도나 기독교 신앙의 뿌리를 파고드는 근본성이나 철저성, 삶과의 연관 속에서 참된 신앙을 배우고 실천하고자 하는 치열함의 관점에서 보면 본회퍼의 책은 우리를 압도하고, 경악하게 하고, 우리 자신을 예수 그리스도 앞에 무릎을

꿇지 않고는 견딜 수 없게 만든다.

본회퍼의 저작은 군사 독재와 유신 독재가 진행되던 1960년대 말과 1970년대 초 한국 교회에 일정한 이바지를 하였다. 많은 젊은이가 이 책들을 통해 본회퍼를 알게 되었고 그의 영향을 받았다. 우리말로는 『옥중서간』이라 번역된 본회퍼의 독일어판 『저항과 복종 *Widerstand und Ergebung*』을 1971년 부산 보수동 헌책방 골목에서 발견하고는 그해 겨울 탐독한 기억이 난다. 그 당시 나는 신학 대학에 몸을 담고 있었다. 『성도의 공동생활 *Gemeinsames Leben*』과 『나를 따르라 *Nachfolge*』를 읽게 된 것은 그 뒤였다. 본회퍼와의 만남은 나에게는 고등학교 시절 키르케고르를 읽으면서 배운 질문인 '어떻게 참된 그리스도인이 될 것인가'를 다시 일깨워 준 계기가 되었다. 지금도 이 물음은 나에게 여전히 남아 있다. 어떻게 참된 그리스도인이 될 것인가?

본회퍼를 한국 기독교 대중들이 처음 읽게 되었을 때는 존 로빈슨의 『신에게 솔직히』, 루돌프 불트만의 『성서의 실존론적 이해』와 『역사와 종말론』, 파울 틸리히의 『궁극적 관심』,『문화의 신학』,『흔들리는 터전』,『존재의 용기』 등이 번역되어 같이 읽히던 때였다. 이때는 아무래도 실존적 관심이 크게 작용하지 않았나 싶다. 본회퍼는 불트만이나 틸리히와 같은 실존 신학자에 넣을 수 없겠지만, 그가 이 실존적 맥락에서 읽혔던 것을 우리는 부정하기 힘들다. 본회퍼 신학에는 분명히 실존적인 면이 있기에 이러한 방식이 완전한 오독이라 할 수 없다. 그럼에도 본회퍼 신학이 지닌 철저성, 근원성, 근본성을 제대로 이해하는 데는 걸림돌이 되었다고 생각한다.

1960년대와 1970년대 본회퍼가 읽히기 시작할 때 국내에 들어온 또 다른 신학 사조는 '세속화 신학'이었다. 그 당시 토마스 알타이저나 반 뷰렌의 이른바 '사신 신학'이 소개되고 하비 콕스의『세속도시』가 번역되어 읽혔다.『옥중서간』에서 본회퍼는 '종교 없는 기독교'를 이야기하고 세상·세속성에 대한 관심을 강하게 드러내기 때문에 그를 후대의 신학자들은 '세속화 신학'의 선구자로 여겼다. 그의 관심이 탈종교, 심지어는 탈기독교에 있다고 보고 어떤 이들은 그를 종교다원주의자 중의 한 사람으로 보기까지 하였다. 이것도 완전히 오독이라 할 수는 없을 것이다. 그러나 본회퍼를 세속화 신학자로 읽는 것은 매우 일면적이라 하지 않을 수 없다. 이와 나란히 1960년대와 1970년대 한국 상황에서 본회퍼가 사람들에게 매력의 대상이 된 것은 히틀러 암살 음모에 가담했다는 이유로 급기야 죽임을 당한 일이었다. 본회퍼는 그의 생애에서 보듯이 안락한 삶을 선택하기보다는 언제나 자신의 생명을 감수해야 할 정도로 위험한 삶을 선택했으며, 그가 선택한 삶에 대한 신학적 사고 작업에 누구보다 철저하였다. 본회퍼가 소개될 당시는 박정희 대통령이 정권을 잡고 있었고 민주화에 대한 열망이 크게 일고 있었다. 이러한 맥락에서 본회퍼는 남미의 해방 신학자 구티에레스와 더불어 민중 해방 신학의 선구자로 읽히게 되었다. 본회퍼 사상에 이런 면이 없지 않지만 이러한 방식의 독해 또한 오독의 여지가 컸다고 말할 수밖에 없다.

오늘날 한국 교회가 처한 상황에서 본회퍼를 다시 새롭게, 새로운 번역으로 읽게 되는 의미가 무엇일까? 나는 한국 교회가 처한 세 가지 근본적인 상황이 다시 본회퍼 읽기를 필연적인 과제로 제공한다고 생각한다.

우선 무엇보다도 한국 교회는 어느 다른 시대, 어느 다른 지역에 비해 자본주의에 깊이 물든 교회의 모습을 하고 있다. 오늘날 한국 교회는 타인과의 경쟁이 삶의 방식이 되고, 돈이 주인이 되며, 욕구와 욕망이 삶을 추동하는 힘이 되고, 작은 것보다 큰 것이, 질보다는 양이, 거저 줌이나 나눔보다는 거래가 오히려 삶을 지배하는 가치가 된 자본주의 체제에 종속되어 버렸다. 여기에는 공동체가 들어설 자리가 없고 예수를 따르는 제자도 기대할 수 없다. 예수 그리스도를 통해 받은 은혜는 손쉽게 유통되고 거래되고, 값싸게 소비된다. 본회퍼의 글은 이런 한국 교회의 현실을 적나라하게 드러내고 꾸짖고, 예수 그리스도를 우리의 삶 속에서 회복할 수 있는 길을 보여준다. 이것이 본회퍼를 오늘 이 땅에서, 참된 그리스도인이 되기를 희망하는 그리스도인이 읽어야 할 이유라 생각한다.

한국 교회의 두 번째 문제는 다른 사상, 다른 종교, 다른 삶의 방식을 가진 사람들과 함께 살아가는 방식을 모른다는 것이다. 기독교 아닌 다른 것에 대해서, 특별히 기독교 아닌 다른 종교에 대해서는 지극히 배타적인 삶의 방식을 그리스도인들은 어느 사이 몸에 익혔다. 이렇게 보는 태도는 한국인 특유의 문제라기보다 나와 남, 우리 것과 남의 것, 우리 지역과 다른 지역으로 구별하여 언제나 나 중심, 우리 중심으로 보는 인간의 습성에 뿌리를 두고 있다고 할 수 있겠으나, 우리의 경우에는 심하다고 하지 않을 수 없다. 이러한 상황에서 나는 본회퍼를 통해서 삶과 사상과 종교와 문화를 철저히 그리스도 중심적으로 보는 태도를 새롭게 배울 수 있다고 생각한다. 세상의 학문이나 세상의 예술, 세상의 종교를 만물을 구속하시고 회복하시는 그리스도 안에서 보고, 가려내고, 수용하고, 누리는 법을 우리가 본회퍼를 통해 배울 수 있으므로 나는 우리가 다시 본회퍼를 읽어야 한다고 생각한다.

한국 교회의 세 번째 문제로 나는 교회 안에 만연한 '실천적 무신론'을 지목하고자 한다. 입으로나 말로는 하나님의 존재를 인정하고 예배를 드리고 전도를 하지만 행실로는 삶에 열매가 크게 보이지 않는 것이 우리의 문제다. 믿지 않는 사람으로부터 '이기적이고', '배타적이며', '자기들끼리'만이라는 비난을 받게 되었다. 그 까닭을 생각해 보면 믿음으로 의롭게 된다는 가르침이 마치 삶 따로 믿음 따로인 것처럼 오해된 것이 무엇보다 큰 이유이고, 예수 그리스도를 믿는 믿음이 예수 따라 사는 삶임을 무시했기 때문이다. 입으로는 말로는 유신론자이지만, 실제로는 무신론자를 무수히 생산한 것이 현재 한국 교회의 현실이 되어 버렸다. 이러한 삶의 현실을 우리는 본회퍼와 더불어 생각하고, 본회퍼와 더불어 극복할 수 있다고 생각하기 때문에 나는 우리가 본회퍼를 다시 읽을 필요가 있다고 생각한다.

그렇다면 본회퍼를 어떻게 읽을 것인가? 본회퍼의 책은 수많은 정보를 담은 책이 아니다. 그러므로 예컨대 전화번호부나 신문을 읽듯이 찾고 싶은 것을 찾거나, 무슨 일이 일어났는지 알고 싶은 마음으로 읽어서는 안 된다. 또한, 본회퍼의 책은 수험서와도 다르다. 첫째, 둘째, 셋째 하면서 핵심 정리를 해야 할 그런 책이 아니다. 본회퍼의 책은 사도들의 서신과 같고, 구약 선지자들의 글과 같다. 무엇보다 우리 자신을 그분 앞에 내어놓기를 요구한다. 멀찌감치 뒤따라 걸어가거나 강 건너 불 보듯 할 것이 아니라 내 자신을 그분 앞에 내어놓고 나에게 하는 말로, 나의 삶을 보여주는 말로, 나의 모습을 비추는 거울로 생각하고 읽어야 한다. 나에게 절실한 마음으로, 나의 삶과 관련지어 읽어야 한다.

나에게 절실한 내용이 되도록 읽으려면, 무엇보다도 천천히 읽어야 한다. 빠르게 스쳐 가는 것이 아니라 마치 입안에 넣은 고기를 천천히 시간을 들여 씹듯이, 천천히 씹고 또 씹어, 그 맛이 완전히 입안에 녹아나도록 읽어야 한다. 그러고는 천천히 삼켜서 내 몸에 피가 되고 살이 되게 읽어야 한다. 그렇지 않으면 머릿속에 기억으로 어느 정도 남아 있을 뿐 내 자신을 형성하고 내 삶을 바꾸어 내는 읽기가 되지 못한다. 둘째는 공감적인 읽기가 필요하다. 그가 하고자 하는 말, 그가 초대하는 생각, 그가 안타까워하는 일에 내 가슴을 내어놓고 같이 아파하고, 같이 슬퍼하고, 같이 기뻐하고 즐거워하는 마음으로 읽어야 한다. 셋째는 이러한 과정을 거치면서 비판적으로, 다시 말해, 제대로 가려서 읽어야 한다. 제대로 잘 가려 읽으려면 본회퍼의 글을 먼저 이것과 저것, 이 구절과 저 구절을 잘 가려 구별하면서 읽어야 하고, 우리의 현실 상황에 비추어 비판적으로 읽어야 한다. 이렇게 할 때 본회퍼의 책은 나 자신과 우리의 현실, 한국 교회의 실제 모습을 보게 하고, 힘과 지혜를 얻게 하고, 성경을 다시 읽게 해주고, 그리하여 참된 그리스도인, 참된 공동체를 희망하게 해줄 것이라고 확신한다.

강영안

서강대학교 철학과 명예교수·미국 칼빈신학교 철학신학 교수

일러두기   이 책의 성경 인용은 『새번역』을 따랐다.

서문

이 강의는 베를린 대학교의 1932-1933년 겨울 학기에 진행되었으며, 수강생 동아리의 요청으로 출간되었다. 성경 본문은 현재 인정되고 있는 바와 같이 루터 역을 따르고, 차이가 있는 것들은 대체로 카우치 역에서 인용했다.

서론

그리스도의 교회는 만물의 마지막에 대해 증언한다. 그리스도의 교회는 종말의 견지에서 살고, 종말의 견지에서 사고하고, 종말의 견지에서 행동하고, 종말의 견지에서 선포한다. "너희는 지나간 일을 기억하려고 하지 말며, 옛일을 생각하지 말아라. 내가 이제 새 일을 하려고 한다." 사43:18-19 새 일은 옛일의 종언이다. 하지만 이 새 일은 그리스도다. 그리스도는 옛일의 종언이다. 옛일의 노선에 자리한 연속성이나 목표점이나 절정이 아니라, 옛일의 종언이며 그래서 새 일이다. 교회는 옛 세계 안에서 새 세계에 대해 말한다. 교회는 새 세계를 다른 모든 것보다 더 확실한 것으로 여기기에, 옛 세계를 새 세계의 견지에서만 인식한다. 옛 세계는 교회를 좋아하지 않는다. 교회가 옛 세계의 종말을 두고 그것이 이미 일어난 것처럼, 그 세계가 이미 심판을 받은 것처럼 말하기 때문이다. 옛 세계는 자기가 죽었다고 소문나는 것을 달가워하지 않는다. 교회는 그것을 조금도 이상하게 생각하지 않는다. 옛 세계의 사고방식에 젖은 자들이 교회에 거듭 모습을 드러내도 교회는 놀라지 않는다. 어느 누가 그런 사고방식에 젖지 않겠느냐는 것이다. 하지만 교회는 지나간 세계의 그 자녀들이 교회, 곧 새 일을 자기 것이라고 주장하려 할 때에는 몹시 분개한다. 지나간 세계의 자녀들은 새 일을 원하면서도 옛일만 안다. 그래서 주님이신 그리스도를 부인한다. 마지막에 대해 아는 교회만이 처음에 대해 알고, 지금과 마지막 사이에 놓인 것과 동일한 단절이 처음과 지금 사이에 자리하고 있음을 알며, 처음과 지금의 관계가 삶과 죽음의 관계, 새 일과 옛일의 관계와 같음을 안다. 그런 까닭에 교회는 처음을 죽음 속에서만, 마지막의 견지에서만 가까스로 인식한다. 교회는 창조를 그리스도의 견지에서 인식한다. 더 낮게 말해, 교회는 타락한 옛 세계 안에서 새로운 창조 세계의 처음과 마지막을 믿는다. 교회는 그리스도만 믿고 그 외에는 어떤 것도 믿지 않기 때문이다.

교회가 이 모든 것을 하는 까닭은, 교회가 성서의 증언

위에 세워졌기 때문이다. 성서의 교회—다른 "교회"는 존재하지 않는다—는 종말의 견지에서 산다. 그러므로 교회는 성서 전체를 종말과 새 일과 그리스도에 관해 말하는 책으로 읽는다. 그리스도의 교회의 토대인 성서가 창조에 관해, 처음에 관해 말하면서, 그 처음이 무엇인지는 그리스도의 견지에서만 알 수 있다는 사실 이외에 어찌 다른 것을 말하겠는가. 성서는 오로지 교회의 책일 뿐이다. 성서는 본질적으로 교회의 **책이다.** 그렇지 않다면 그것은 아무것도 아니다. 성서를 종말의 견지에서 읽고 선포해야 하는 것은 그 때문이다. 따라서 우리는 창세기를 교회 안에서 오로지 그리스도의 눈으로, 그리스도를 유념하면서 읽어야 한다. 그리스도를 유념하며 읽을 때에만, 우리는 그리스도가 우리네 온 세상의 처음이요 새 일이며 마지막이심을 알게 된다.

신학적 해석은 성서를 교회의 책으로 여기고, 그 자체를 해석한다. 그 해석 방법은 이것을 전제로 삼고, (언어학적 연구 방법과 역사적 연구 방법을 통해 찾아낼 수 있는) 텍스트로부터 이 전제로 끊임없이 되돌아오는 것이다. 이것이 신학적 해석 방법의 객관성이다. 신학적 해석의 학문적 엄밀성 주장은 이

객관성 안에서만 뒷받침된다. 창세기가 "야훼"를 언급하면, 이는 역사적·심리학적 관점에서는 야훼 외에 아무것도 가리키지 않지만, 신학적으로 보면, 곧 교회의 눈으로 보면 하나님을 가리키는 표현이다. 성서 전체에서 하나님은 유일한 하나님이시며, 이것을 믿느냐에 따라 교회와 신학적 학문이 서기도 하고 넘어지기도 하기 때문이다.

창세기

1장

1:1-2   **태초**

태초에 하나님이 천지를 창조하셨다. 땅이 혼돈하고 공허하며, 어둠이
깊음 위에 있고, 하나님의 영은 물 위에 움직이고 계셨다.

우리네 사고思考의 가장 격렬한 파도가 거세게 일었다가 밀려
나 제 힘을 잃는 곳에서 성서는 시작한다. 성서의 첫 말씀이
잠시 동안 우리 눈에 들어오지 않는 것은, 이내 사고의 파도
가 다시 거세게 밀려와 그것을 물마루로 덮어 버리기 때문이
다. 성서는 태초에 관해 말함으로써 세계를 화나게 하고, 우리
를 화나게 한다. 우리는 태초에 관해 말할 수 없고, 태초가 시
작되는 곳에서는 우리의 사고가 막혀 기진맥진하기 때문이

다. 그럼에도 우리는 태초에 관해 물으려고 하는데, 이것이야 말로 우리네 사고의 가장 내적인 열망이자, 종말에 관한 모든 진정한 물음을 존재하게 하기 때문이다. 우리는 태초에 관해 끊임없이 물어야 하지만 그럴 수 없다는 것을 알고 있다. 어째서 물을 수 없는가? 말하자면 처음이 없는 것으로 생각할 수 있기 때문이다. 태초는 자유이지만, 우리는 자유를 언제나 필연성 안에서만, 곧 다른 것 가운데 하나로만 생각할 수 있을 뿐, 다른 모든 것에 앞서는 명실상부한 하나로는 생각할 수 없기 때문이다. 우리가 태초부터 사고하고, 태초와 관련하여 사고해도, 태초를 결코 사고할 수 없고 물을 수도 없다니, 어째서 그런가라고 우리가 묻는다면, 그 왜Warum는, 끝없이 뒤로 거슬러 올라가도 태초에 닿지 못하는 일련의 물음을 표현하는 것에 지나지 않는다. 사고는 궁극적 왜를 묻는 자신의 물음에 답하지 못한다. 그 답 역시 또 하나의 왜를 야기하기 때문이다. 오히려 "왜"는 본래κατ᾽ ἐξοχήν 처음을 잃은 사고의 표현이다. 우리의 사고, 곧 그리스도를 거쳐서만 하나님을 알 수 있는 타락한 인간의 사고는 하나의 원圓이어서 처음이 없다. 우리는 원 안에서 사고하고, 원 안에서 느끼고 열망하며, 원 안에서 존재한다. 그렇다면 처음은 원의 도처에 있다고 할 수 있을 것이다. 그러나 바로 그 때문에 처음이 없다는 다른 명제도 성립한다. 그러나 결정적인 것은 사고가 이 원을 영원, 곧 태초 자체로 간주하여 악순환circulus vitiosus에 빠진다는 것이다. 왜냐하면 사고는 스스로를 태초로 여겨 표준으로 삼고, 스스로를 자신의 객체 내지 대상으로 설정하고, 이 대상 뒤로 물러나거나, 때로는 자신이 설정한 대상보다 앞서기도 하기 때문이다. 그러므로 사고가 태초에 관해 최종진술을 하는 것은 불가능하다. 태초를 맞닥뜨리면, 사고는 녹초가 된다. 태초에 유념하고자 하나 그럴 수 없기 때문에, 모든 사고는 의지가 있어도 바랄 수 없는 태초를 마주하여 녹초가 되고, 좌절하고, 부서지고, 녹아 버리고 만다. 그런 까닭에 철학에서 태초를 이기려면 어찌해야 하는가라는 헤겔의 물음은 하나님 대신에 이성의 즉위라는 전격적 기습 공격을 통해서만 답을 얻을 수 있다. 그러므로 비판철학은 자신의 처음, 모든 처음에 대한 체계적 절망이다. 철학이 제 스스로 할 수 없는 것을 당당히 포기하든, 아니면 절망하며 자신을 완전히 파괴하든, 두 경우 모두 인간이 제 스스로 알지 못하는 태초에 대해 증오를 품는 것에 지나지 않는다. 인간은 더 이상 처음 안에서 살고 있지 않다. 그는 처음을 잃어버렸다. 그는 지금 중간에 있지만 끝도 모르고 처음도 모른다. 하지만 자신이 중간에 자리하고 있으며, 자신 역시 처음에서 유래하여 끝을 향해 나아가지 않으면 안 된다는 것은 알고 있다. 인간은 자기의 생을 결정한 것이 처음과 끝임을 알지만, 그가 아는 것은 자기가 이 둘에 관해 아는 게 없다는 사실뿐이다. 동물은 처음도 모르고 끝도 모른다. 그래서 증오도 모르고 우쭐거릴 줄도 모른다. 제 본래의 운명을 포기할 줄 아는 인간은 자신이 처음에서 비롯되어 끝을 향해 가고 있는데도 이것이 의미하는 바를 몰라서 처음을 증오하고, 여봐란 듯이 처음을 거스른다.

　어떤 사람이 처음을 두고 '그것은 나의 눈먼 실존 너머에 있는, 전혀 형언할 수 없고, 말로 다 표현할 수 없는 어두운 피안이 아니다'라고 말한다면, 인간에게 이보다 더 불안하고 자극적인 말은 없을 것이다. 사람들은 그를 욕하고, 그를 터무니없는 거짓말쟁이라고 부르거나 구주 자신이라고 부를 것이다. 다들 그의 말을 듣고서 그를 죽이려고 할 것이다. 누가 그렇게 말할 수 있는가? 그는 처음부터 속이는 자, 처음이 거짓이고 거짓이 곧 처음이라고 말하는 악마, 인간을 속여 자신을 믿게 하는 악마일 수 있다. 그는 속이는 자여서 이렇게 말할 것이다. '나는 처음이다. 너 인간도 처음이다. 너는 처음부터 나와 함께 있었다. 내가 지금의 너를 만들었다. 내 곁에 있어야 너의 끝이 취소된다. 나는 처음이요 끝이며, 알파요 오메가다. 나를 숭배하여라. 나는 거짓의 원천인 진리이며, 진리를 맨 먼저 낳은 거짓이기 때문이다. 너는 처음이요 끝이다. 네가 내 안에 있기 때문이다. 처음부터 속이는 자인 나를 믿어라. 거짓말을 하여라. 그러면 너는 처음 안에 있으면서 진리의 지배자가 될 것이다. 너의 처음 자체를 발견하여라.' 악마가 이와 같이 말하는 까닭은 그가 처음부터 속이는 자이기 때문이다. 악마가 말하거나, 아니면 다른 이, 곧 처음부터 진리요 길이요 생명이신 분, 태초에 계셨던 분, 하나님 자신, 그리스도, 성령께서 처음에 관해 말씀하실 수 있다. 태초에 계셨던 분 이외에는 누구도 처음에 관해 말할 수 없다. 성서가 "태초에 하나님이…창조하셨다"라며 하나님의 거침없는 자기 확증, 하나님의 자기 증명, 하나님의 계시와 함께 시작하는 것은 그 때문이다. 그러나 이 바위는 바다에서 잠시 보였다가, 이 확고한 것의 모습 때문에 격분하는 바다에 다시 뒤덮이고 만다. 태초에 하나님이 계시다니, 이 말은 무슨 뜻인가? 그 하나님은 어떤 하나님인가? 우상이 필요해서, 처음과 끝이 없으면 살 수 없을 것 같아서, 중간이 그대를 불안하게 해서, 그대가 필요에 따라 만든 그대의 신인가? 태초에 하나님이 계시다니, 이 말은 악마의 거짓말 못지않게 비겁한 그대의 거짓말인가? 이 문장을 쓰고 있는 그대 무명씨는 어디서 태초를 알게 되었는가? 그대는 태초를 보았는가? 그대는 태초에 거기 있었는가? 그대의 하나님이 그대에게 친히 다음과 같이 말씀하시지 않는가? "내가 땅의 기초를 놓을 때에, 네가 거기에 있기라도 하였느냐? 네가 그처럼 많이 알면, 내 물음에 대답해 보아라." 욥 38:4 이 말씀과 성서의 첫 번째 말씀은 무엇인가? 중간 속에서 당당히 살지도 못하고 체념하며 살지도 못하는 한 사람, 이를테면 처음도 없고 끝도 없는 나약한 삶의 자리에서 우리 자신의 자아와 다름없는 한 신에게 우리처럼 부르짖는 한 사람의 비겁하고 거짓된 망상인가? 이 비난에 대꾸하려면 어찌해야 하는가? 분명한 사실은, 태초에 대해 말하는 사람은 삶의 원 안에서 느끼는 자신의 불안에 대해 말하는 것이며, 성서를 기록

한 사람도 그러하다는 것이다. 하지만 그렇게 말하는 이는 그가 아니라, 하나님 자신, 전적으로 처음이신 분, 우리의 삶과 사고와 성서 기록자의 불안보다 앞서 계신 분이시다. 오직 하나님만이 자기 자신을 두고 '나는 태초에 있다'고 말씀하신다. 그분은 이 말씀 이외의 그 어떤 것으로도 증명되지 않으신다. 이 말씀은 한 책의 말이자 한 경건한 사람의 말로서 중간에서 온 것이지 처음에서 온 것이 아니다. "태초에 하나님이 … 창조하셨다." 이것은 인간의 말로 표현되고 들린 것이므로 종의 형체라고 할 수 있다. 하나님은 처음부터 이 형체 속에서 우리를 만나시며, 자신만을 나타내신다. 태초에 하나님이 … 창조하셨다는 말은 뜻이 깊은 것도 아니고 가벼운 것도 아니다. **하나님**이 그리 말씀하시는 한, 그것은 하나님의 진리이다.

태초에 하나님이. 이것은 하나님이 멀리서 쉬시며 영원히 계시는 분이 아니라, 창조하시는 분으로서 여기 중간에서 이 말씀과 함께 우리에게 살아 계신 분이 될 때 참말이 된다. 엄밀한 의미에서 우리는 처음과 끝의 중간에서 태초에 대해 들음으로써만 태초에 대해 알 수 있다. 그렇지 않다면 그것은 명실상부한 태초도 아니고, 우리의 **처음**도 아닐 것이다. 우리는 잃어버린 처음과 잃어버린 끝의 중간인 여기에서 처음이신 하나님을 창조주로서만 알게 된다.

태초에 하나님이 천지를 **창조하셨다**. 하나님이 먼저 계시고 그런 다음에 창조하신 것이 아니다. 창조는 하나님이 태초에 하신 것이다. 이 태초는 불안한 중간 속에 있는 처음이면서 동시에 우리가 자리하고 있는 불안한 중간 너머에 있는 처음이다. 우리가 태초를 알지 못하는 것은, 우리가 중간에서 벗어나 스스로 처음이 되려고 하기 때문이다. 이는 거짓 속에서만 가능한 일이므로, 그리되면 우리는 처음 속에 있지 못하고, 단지 거짓으로 은폐된 중간 속에 있게 될 것이다. 이어지는 모든 것이 명심해야 할 사항이다. 우리는 중간 속에서만 처음을 청취할 수 있다.

두 가지 물음이 발생한다. 이 처음은 하나님의 처음인가? 아니면 세계와 함께하는 하나님의 처음인가? 이 물음의 발생은 우리가 처음의 의미를 더는 알고 있지 못함을 드러내 보인다. 중간 속에서 처음과 끝을 무서워하는 사람, 자신의 사슬을 끊는 사람, 뒤에 등장할 내용을 앞당겨 말하건대, 자신의 죄 속에서 하나님께 기대어 자신의 피조성을 아는 사람이 태초에 대해 말할 수 있다면, 이 처음이 하나님의 처음인가, 세계와 함께하는 하나님의 처음인가 하는 물음은 더는 제기되지 않을 것이다. 처음이신 하나님은 세계를 창조하시고 우리를 창조하신 분 이외의 어떤 분이 아니시며, 우리는 바로 이 하나님을 우리 세계의 창조주로만 알 수 있기 때문이다. 루터는 하나님이 세계 창조 이전에 무엇을 하셨느냐는 질문을 받고 이렇게 대답했다. "하나님은 그런 쓸데없는 질문을 하는 사람들에게 쓰려고 회초리를 깎고 계셨을 것이다." 이는 질문자의 질문을 물리친 것이면서, 동시에 하나님을 은혜로운 창조주로 인식하지 않는 곳에서는 하나님을 처음과 끝의 중간과 관련된 성난 심판자로 의식할 수밖에 없다고 말한 것이기도 하다. 태초에 창조하신 이 하나님의 배후로 거슬러 올라갈 수 있는 질문은 존재하지 않는다. 창조의 이유, 하나님의 세계 계획, 창조의 필연성을 따지는 질문도 있을 수 없다. 최종적으로 해결된다고 해도, 이 질문들은 "태초에 하나님이 천지를 창조하셨다"는 진술에 의해 하나님을 부정하는 질문들임이 밝혀진다. 태초에 하나님이 세계의 목적에 관한 이런저런 사상, 우리가 계속 찾아내야 할 사상을 창조하셨다가 아니라, "태초에 하나님이 **창조하셨다**"이다. 그리고 어떤 질문도 창조하시는 하나님 이전으로 거슬러 올라갈 수 없다. 태초 이전으로 돌아가는 것은 불가능하기 때문이다.

이 결과로 밝혀지는 사실은 다음과 같다. 말하자면 태초는 시간상의 정의가 아니라는 것이다. 시간상의 처음 이전으로 되돌아갈 수는 있다. 하지만 태초를 규정하는 것은 전적인 일회성이다. 수數의 의미에서 일회적인 것이 아니라, 질적인 의미에서, 전혀 반복할 수 없는 것으로서, 완전한 자유로서 일회적인 것이다. 혹자는 자유로운 행위의 지속적 반복을 생각한 나머지, 자유가 반복될 수 없다니, 이것은 원칙적으로 잘못된 것이며, 그렇지 않다면 그것은 자유의 제약을 받는 자유, 이른바 부자유일 것이며, 더는 본래의κατ' ἐξοχήν 태초가 아닐 것이라고 말할지도 모르겠다.

창조는 결코 반복할 수 없게 태초에 일회적으로 자유롭게 일어난 사건이다. 이 사건은 어떤 경우에도 4,800이라는 수數 내지 그와 같은 연대 표시로 혼동되어선 안 된다. 태초에 하나님이 천지를 창조하셨다. 이는 창조주께서—자유에 의거하여!—피조물을 창조하셨다는 뜻이다. 창조주와 피조물의 관계는 자유를 통해서만 규정된다. 바꿔 말하면 창조주와 피조물의 관계는 무조건적이다. 따라서 창조를 이해하려면 인과因果 범주들의 사용을 배제해야 한다. 창조주와 피조물은 결코 인과관계로 해석되어서는 안 된다. 창조주와 피조물 사이에는 사고의 법칙도, 작용의 법칙도, 그 밖의 어떤 것도 존재하지 않기 때문이다. 창조주와 피조물 사이에는 오로지 **무** 無, das Nichts만 자리한다. 자유는 무 안에서 그리고 무로부터 생겨나기 때문이다. 그러므로 창조로 이어질 수 있는, 게다가 창조로 이어져야만 하는 필연성을 하나님 안에서 찾아 제시하는 것은 불가능하다. 창조를 뒷받침하는 것은 다름 아닌 무다. 창조는 이 무로부터 발생한다.

이제 인간은 또다시 불안한 중간에서 벗어나 스스로 처음이 되려고 할지도 모른다. 그는 이 무를 창조를 야기하는 그 무엇das Etwas으로 생각하려고 할지도 모른다. 그러나 **창조**가 언급되는 곳에서, 바꿔 말하면 신학적으로 언급되는 곳에서 무는 처음을 결여한 사고 속에 영원한 끝으로서 떠오르는 무와는 전혀 다른 의미를 갖는다. 우리의 철학적 사유 속에 무가 등장하고 있는데, 거기서는 태초를 사고할 수 없다. 결국 무는 존재의 토대일 뿐이다. 존재의 토대로서의 무는 창조적 무로 이해된다. 혹자는 또다시 태초를 마주하지 않은 채 이 무의 배후를 되물을지도 모른다. 중간에 있으면서 태초를 알지 못하는 인간의 무는 최근에 이루어진 설명의 시도이며, 존재자das Seiende의 통과 지점에 지나지 않는다. 우리는 그것을 성취된 무, 충족된 무, 독단적 무라고 부른다. 하나님의 자유와 창조 사이에 자리한 무는 존재자의 창조를 설명하려는 시도도 아니고, 역설적인 방식으로 생성된 세계의 질료도 아니며, 존재자의 불가피한 통과 지점도 아니다. 이 무는 결코 유有, ein Etwas가 아니고, 부정적인 유有도 아니며, 하나님의 자유와 그분의 창조의 관계만을 진술할 수 있는 것으로 정의된다. 따라서 이 무는 근원 가능성Urmöglichkeit도 아니고, 하나님의 근저도 아니며, 결단코 "아무것도" 아니다. 그것은 오히려 하나님의 행동 속에서 발생한다. 그것은 이미 발생했기에 더는 발생하지 않는 무, 이미 부정된 무로서 존재한다. 우리는 그것을 복종하는 무, 하나님의 분부를 기다리는 무, 자기의 명성과 자기의 존립을 자기에게 두거나 자기의 무성無性, Nichtigkeit에 두지 않고 오로지 하나님의 행동에만 두는 무라고 부른다. 하나님은 자신과 창조 사이에 중간고리를 조금도 필요로 하지 않으셨다. 무 역시 그러한 "사이"가 아니다. 하나님이 무를 긍정하시는 이유는 이미 그것을 극복하셨기 때문이다. 옛사람들은 이 무를 다소 미숙하게 고쳐서―근원 존재자Urseiende로 이해된 "박탈된 무nihil privativum"와 구별하여―부정적인 무nihil negativum로 표현하려고 했다. 무는 최초의 창조를 불안하게 하지 않는다. 오히려 그것은 무로부터 세계를 창조하신 창조주를 영원토록 찬양한다. 세계는 무 안에 자리하고 있으며, 바꿔 말하면 태초 속에 자리하고 있다. 이 말은 세계가 온통 하나님의 자유 안에 자리하고 있다는 뜻이다. 피조물은 창조주의 것이다. 그러나 이것은 다음의 사실도 의미한다. 이를테면 창조의 하나님, 절대적 태초의 하나님은 부활의 하나님이시라는 것이다. 세계는 처음부터 죽은 자들 가운데서 이루어진 그리스도의 부활의 표지 가운데 자리하고 있다. 실로, 우리가 태초에 하나님이 수행하신 창조, 하나님이 무로부터 수행하신 창조를 아는 것은, 우리가 그리스도의 부활을 알기 때문이다. 성금요일에 죽으신 예수 그리스도와 부활절 일요일에 부활하신 주님κύριος. 이것이야말로 무로부터의 창조, 태초로부터의 창조다. 그리스도께서 죽으신 것은 그분의 부활 가능성이 아니라 불가능성이었고, 무 자체였으며, 부정적인 무nihil negativum였다. 무는 죽으신 그리스도와 부활하신 그리스도 사이에 자리한 통과 지점 내지 연속성이 아니라, 태초에 무로부터 자신의 작품을 창조하신 하나님의 자유였다. 부정적인 무nihil negativum를 좀 더 보강할 수 있다면, 여기서는 부활과 관련지어 "십자가에서 이루어진 그리스도의 죽음과 함께 부정적인 무가 하나님 안에 받아들여졌다—하나님이 죽으시다니, 오 위대한 고난이여"—라고 말해야 할 것이다. 그러나 처음이신 하나님은 살아 계셔서, 무를 없애시고, 자신의 부활 속에서 새로운 창조를 수행하신다. 우리가 창조를 아는 것은 그분의 부활 때문이다. 그분이 부활하지 않으셨다면, 창조주가 죽게 되고 스스로 증언하지 못했을 것이기 때문이다. 그러나 우리는 그분의 창조 덕분에 다시 그분의 부활의 능력을 알게 된다. 그분은 무를 다스리는 분이시기 때문이다.

태초에, 즉 자유로부터, 즉 무로부터 하나님이 천지를 창조하셨다. 이것이야말로 성서가 중간에 자리한 우리에게, 잘못된 무를 무서워하고 시작 없는 처음과 영원한 끝을 두려

위하는 우리에게 건네는 위로의 말씀이다. 여기서 언급되는 것은 복음, 그리스도, 부활하신 분 자신이다. 하나님이 태초에도 계시고 마지막에도 계실 분이시라는 것, 하나님이 자유로이 세계를 다스리시고 그것을 우리에게 알려 주신다는 것, 이것은 자비, 은총, 용서, 위로가 아닐 수 없다.

땅이 혼돈하고 공허하며, 어둠이 깊음 위에 있고, 하나님의 영은 물 위에 움직이고 계셨다.

시작이 이루어지고 있다. 하지만 시선은 벌어지는 일에, 자유로우신 하나님께 여전히 고정되어 있다. 이 일이 사실이라는 것, 이 일이 실행되었다는 것, 하늘과 땅이 존재한다는 것, 기적이 일어났다는 것, 이 모든 것에 필요한 것은 전적인 놀람이다. 아니다, 영광을 받으실 이는 작품이 아니라, 창조주시다. 땅은 혼돈하고 공허하지만, 창조주는 주님이시기 때문이다. 전혀 새로운 일, 지배와 사랑이라는 낯설고 이해할 수 없는 일을 하시는 그분이 영광을 받을 분이시다. "땅은 혼돈하고 공허했지만," 그럼에도 하나님의 손에서 유래하여 지금도 그분이 쓰실 수 있도록 준비하는, 독실한 경배로 그분께 복종하는 우리의 대지였다. 하나님은 혼돈하고 공허한 땅으로부터 가장 먼저 찬양을 받으신다. 그분은 우리 인간 없이도 칭송을 받으신다. 하나님은 말 없는 세계, 곧 형태 없이 잠자코 당신의 뜻 안에서 쉬며 곤하게 자고 있는 세계로부터 경배를 받으신다. "어둠이 깊음 위에 있고, 하나님의 영은 물 위에 움직이고 계셨다." 행위를 마주한 작품, 창조주를 마주한 피조물을 두고 "어둡다, 어둠이 깊음 위에 있다"고 말하는 것밖에 달리 무슨 말을 하겠는가. 어둠이 하나님의 작품이라는 사실은 그분의 자랑거리이며, 하나님 앞이 어둡다는 것은 그분이 창조주로서 갖추신 주권을 칭송하는 것이다. 어둠은 깊음 위에 있지만 하나님 아래 있다. 높은 산에서 아찔하게 깊은 심연을 내려다보면, 깊은 어둠이 우리 아래 자리하듯이, 땅도 하나님의 발치에 있어서 멀고 낯설고 어둡고 깊지만, 하나님의 어엿한 작품이다.

어두운 심연. 이것은 어둠의 힘과 예수 그리스도의 수난을 맨 먼저 암시하는 것 같다. 칠흑 같은 어둠, 테홈ᵐᵐᵃ, 티아마트Tiamat, 바벨론 신화의 "태고의 바다"는 제 깊은 곳에 힘, 곧 폭력을 내장하고 있다. 힘과 폭력은 아직은 창조주께 경의를 표하지만, 장차 근원과 태초에서 벗어나 반란과 모반이 된다. 혼돈, 공허, 어둠, 깊음은 형태 없는 것, 둔감하고 무의식적인 것, 형상 없는 것—밤, 곧 심연에는 실체 없는 것만 존재하기에—의 덩어리로서 절대적인 복종의 표현일 뿐만 아니라, 형태 속에 고착되기를 고대하는 형태 없는 것의 힘을 표현하는 것이기도 하다.

형태 없는 것과 창조주가 마주 보는 순간이 있다. 그 순간을 가리켜 "하나님의 영은 물 위에 움직이고 계셨다"라고 한다. 그것은 하나님께서 사고하시는 순간, 곧 형태를 계획하고 낳으시려는 순간이다. 이것은 창조주와 피조물의 관계가 어떤 식으로든 훼손되었다는 뜻도 아니고, 하나님이 출산을 위해 피조물과 결혼하셨다는 뜻도 아니며, 하나님이 피조물과 하나가 되셨다는 뜻도 아니다. 이것은 신성이 세계 알卵을 품었다는 우주진화론적 상상을 말하는 게 아니다. 하나님은 그저 창조주로서 깊음, 곧 물 **위에** 머무르신다. 그러나 창조주이신 이 하나님은 이제 한 번 더 높임을 받으신다. 형태 없는 것, 공허, 어둠의 창조는, 여기서 영이 물 위에 움직이는 것으로 묘사된 하나님의 눈 깜짝임der Augenblick(순간—옮긴이)을 통해 이루어지는 형태 창조와 구별된다. 하나님은 자신의 일을 곰곰이 생각하신다. 무형의 힘을 낳아 형태를 입힐 것인지, 지금 있는 것Dasein(현존재)을 늘 있는 것Sosein(상존하는 것)으로 변화시킬 것인지를 하나님께서 망설이시는 순간이다. 하나님이 형상 없는 미완의 어둠으로부터 받으시는 찬양은 형태를 통해 완성되어야 한다. 피조물은 아직 예외 없이 그분의 손과 힘 속에서 자고 있을 뿐 제 존재가 없다. 하지만 피조물이 하나님으로부터 자신의 독자적 존재를 받고, 독자적 존재로 하나님의 존재를 찬양하는 곳에서 창조주 찬양은 완성된다. 창조주께서는 자기 자신을 포기하고 형태를 창조하시어, 자신의 작품에 형태, 곧 자신의 존재를 주신다. 하지만 그분은 찬미를 받으신다. 이 존재가 그분을 섬기기 때문이다. 그분은 피조물의 힘을 어마어마하게 강화하신다. 피조물에게 자신의 존재를 형태로 주시기 때문이다. 피조물은 그 형태를 입고 하나님을 새롭게 마주 보며, 이 마주 봄 속에서 완전히 그분의 소유가 된다.

1:3　　　　**말씀**

하나님이 말씀하시기를 "빛이 생겨라" 하시니, 빛이 생겼다.

모든 창조 신화에서는 신성이 자기의 본성을 희생하고, 신성
의 자연적인 생산력에서 세계가 생겨나고, 창조를 자기 발전,
자기 형성, 신성의 분만으로 이해하고, 창조 자체를 신의 본성
의 일부분으로 여기고, 자연의 고난, 곧 자연의 생성과 소멸의
고난을 신성의 고난으로 여긴다. 반면에 성서의 하나님은 오
로지 하나님으로, 오로지 창조주로, 오로지 주님으로 머무르
시고, 그분의 피조물은 오로지 복종하고 순종하는 자, 하나님
을 주님으로 찬미하고 경배하는 자로 머문다. 하나님은 결코
창조물이 아니시다. 그분은 언제나 창조주시다. 그분은 자연
의 물질이 아니시다. **말씀**을 제외하면, 하나님을 그분의 창조
물과 연결하고 일치시킬 만한 연속성이 전혀 없다. "하나님이
말씀하시기를." 하나님과 창조물을 이어 주는 것은 말씀뿐이
다. 바꾸어 말하면 "자체로는" 어떠한 연속성도 존재하지 않

는다. 말씀이 존재하지 않으면, 세계는 깊이를 알 수 없는 곳으로 추락하고 만다. 하나님의 이 말씀은 하나님의 본성, 하나님의 본질이 아니라, 하나님의 명령이다. 이 말씀 속에서 사유하고 창조하는 분은 하나님 자신이시다. 하지만 하나님은 창조주로서 피조물을 만나려고 하신다. 하나님의 창조성은 하나님의 본성, 하나님의 본질이 아니라, 하나님의 의지, 하나님의 명령이다. 이 창조성 안에서 하나님은 자신의 뜻대로 자신을 우리에게 주신다. 하나님이 말씀으로 창조하신다는 사실은, 창조가 하나님의 지시, 하나님의 분부이며, 이 지시가 자유로운 것임을 의미한다. 하나님은 **말씀하신다.** 바꾸어 말하면 하나님은 전적으로 자유롭게 창조하시며, 자신의 창조물과 달리 이 창조 행위 안에서 전적으로 자유로우시다. 그분은 자신의 창조물에 매이지 않으시지만, 그것을 자신에게 결부시키신다. 하나님은 본질상 자신의 창조물 안으로 들어가시지 않는다. 그분과 창조물의 관계에서 지시하는 이는 그분이시다. 다시 말해 그분은 이 세계의 피안彼岸에서 절대적이시듯이 세계에서도 절대적이시다. 그분이 이 세계 안에 말씀으로 존재하시는 까닭은 그분이 절대 피안이시기 때문이고, 그분이 절대 피안이신 까닭은 그분이 이 세계에서 **말씀 안에** 계시기 때문이다. 우리는 창조의 말씀 안에서만 창조주를 알고, 중간에 자리하고 있으면서도 말씀 안에서 태초를 감득感得한다. 우리가 하나님을 인식하는 것은 창조물들에 의거한 것이 아니다. 창조물들에 의거하여 하나님을 인식하는 것은, 창조물의 실체, 본성, 본질이 결국에는 하나님의 본성과 어떤 식으로든 일치할 것이라고, 모종의 연속성, 가령 원인과 결과의 연속성이 있을 것이라고 생각하는 것과 다름없다. 이와 달리 우리가 하나님을 창조주로 믿는 것은, 하나님이 자신의 말씀을 통해 이 창조물들을 인정하시기 때문이고, 우리가 이 창조물들보다 말씀을 **믿기** 때문이지, 탁월성의 길via eminentiae, 부정의 길 via negationis, 인과법칙의 길via causalitatis을 믿기 때문이 아니다.

먼저 우리는 하나님이 말씀하신다는 사실의 의미를 정확히 이해해야 한다. 말씀은 입 밖에 낸 말이다. 그것은 상징, 전조前兆, 관념이 아니라, 지명된 사건 자체를 의미한다. 하나님이 말씀으로 창조하신다는 사실은, 창조된 현실 속에서 이루어지는 착상과 이름과 작품이 하나님 안에서 하나임을 의미한다. 그러므로 말씀이 "결과"를 내는 것이 아니라, 하나님의 말씀이 이미 작품**이라는** 사실, 이것이 중요하다. 지시하는 말씀과 벌어지는 일은 우리 안에서 완전히 분리되지만, 하나님께는 분리할 수 없는 하나다. 하나님께는 명령법이 곧 직설법이다. 직설법은 명령법에서 나오는 것이 아니다. 직설법은 결과가 아니다. 직설법이 곧 명령법**이다.** 우리는 하나님의 창조 행위도 "작용"으로 묘사해서는 안 된다. 그럴 경우 피조물은 지시의 특성, 곧 특정한 현실을 둘러싸는 말씀 안에서 분명해지는 창조의 절대적 자유, 창조주의 자유를 포함하지 못하기 때문이다. "말씀"은 창조 행위가 자유에서 비롯되었음을 나타내고, 벌어진 일은 창조 행위가 전능에서 비롯되었음을 나타낸다. 우리가 직설법과 명령법을 동시에 사고하는 것은 절대로 불가능한데, 이는 우리가 더는 하나님의 언행Tatwort 일치 속에서 사는 것이 아니라 타락한 상태라는 것을 암시한다. 우리는 원인과 결과라는 인과관계 도식 아래서 명령법과 직설법의 관계를 연속성을 통해 성립되는 것으로만 생각한다. 그럴 경우, "결과"에서 "원인"을 추론하는 것을 정당화하게 된다. 바로 이 점이 창조물에는 적용되지 않는다. 창조물은 창조주의 결과—원인과의 필연적인 관계를 추론할 수 있게 하는 결과—가 아니다. 창조물은 자유 안에서 말씀으로 창조된 작품이다.

형태 창조가 관건인 곳, 형태 없는 것에서 형태를 끄집어내는 것이 관건인 대목에 이르러서야 비로소 성서는 하나님이 말씀하시고 말씀으로 창조하신다고 말한다. 말씀에 형태가 응한다. 말씀은 개별적인 것, 실체 있는 것, 전체를 끄집어내고, 그것들의 윤곽을 그리고, 경계를 정한다. 말씀은 무das Nichtsein에서 유das Seiende를 불러내어 존재하게 한다.(롬 4:17 참조—옮긴이) 무는 창조의 말씀 배후에 자리한 철두철미 어둡고 접근 불가능한 배경이다. 우리가 저 최초의 말 없는 창조 행위를 파악하는 것은 절대 불가능하다. 창조주는 한분이시고, 우리는 그분의 피조물로서 그분의 말씀을 통해 지음받았기 때문이다. 우리는 '하나님 안에서 이루어지는 이 두 번의 눈 깜짝임이 하나의 행위이다'라고밖에 달리 말할 방법이 없다.

"'빛이 생겨라' 하시니, 빛이 생겼다." 어둠이 무형의 깊음 위에 있었으므로, 빛이 형태를 창조해야 했다. 무형의 밤이 새벽빛을 통해 형태로 바뀌듯이, 빛이 형태를 드러내고 만들어 내듯이, 저 태초의 빛das Urlicht은 혼돈을 정리하고, 형태를 드러내고 만들어 내지 않으면 안 되었다. 깊음 위에 있던 어둠에 관한 말씀이 예수 그리스도의 수난을 맨 먼저 암시했다면, 예속된 무형의 깊음이 빛을 통해 풀려나 독자적 존재가 된 것은 어둠 속에서 비치는 빛을 암시하는 것 같다.(요 1:5 참조―옮긴이) 그 빛은 어둠을 깨워 독자적 존재가 되게 하여, 창조주를 자발적으로 찬양하게 한다. 그 빛이 없으면 우리는 존재하지 못할 것이다. 빛이 없으면 형태가 있을 수 없고, 그러면 마주 봄das Gegenüber도 있을 수 없기 때문이다. 마주 봄이 없으면 하나님을 자발적으로 경배하는 일도 있을 수 없다. 예속된 깊음이 예속된 상태, 둔감한 상태, 부자유한 상태로 마주 봄 없이 하나님을 경배했다면, 빛 가운데 있는 형태는 마주 봄을 자신의 독자적 존재로 인지하고, 오로지 창조주께 그것에 대한 보답을 한다. 독자적인 존재가 빛으로부터 투명함과 명확함과 홀가분함을 받아 여타의 창조된 형태 및 창조주와 마주하게 된 것이야말로 창조주께서 첫 번째 말씀으로 만든 작품이다. 창조물은 그분이 창조하신 빛 속에서 그분의 빛을 본다.

하나님의 눈길

그 빛이 하나님 보시기에 좋았다.

이것은 하나님이 자신이 지은 작품을 보실 때 하신 세 번째 눈 깜짝임이다. 우리는 이 눈 깜짝임을 처음 두 번의 눈 깜짝임과 마찬가지로 다른 것과 분리해서 생각할 수 없다. 하나님은 자신의 작품을 보시고, 그것이 좋아서, 그것에 호감을 가지신다. 이것은 하나님이 자신의 작품을 사랑하시고, 그래서 보존하려 하신다는 뜻이다. 창조와 보존, 이것은 하나님이 하시는 한 행위의 양면이다. 이것은 하나님의 작품이 좋아서, 하나님이 그 작품을 버리거나 없애시지 않고, 오히려 사랑하고 보존하신다는 사실과 다르지 않다. 하나님의 작품은 그분의 눈길 안에 잠잠히 있으면서 그분의 호감을 인지한다. 하나님의 눈길은 세계가 무에 다시 빠지지 않도록, 통째로 없어지지 않도록 보호한다. 하나님의 눈길은 세계가 타락한 세계여도 그 세계를 좋은 것으로, 창조된 것으로 본다. 하나님은 그 눈길로 자신의 작품을 껴안을 뿐 버리지 않는다. 우리가 살아가는 것은 하나님의 눈길 덕분이다. 하나님의 작품이 좋다는 말은, 이 세계가 모든 상상 가능한 세계 가운데 최상의 세계라는 뜻이 아니다. 그것은 이 세계가 전적으로 하나님 앞에서 살고, 하나님 덕분에 살고, 하나님께 기대어 살고 있다는 뜻이자, 하나님이 세계의 주인이시라는 뜻이다. 여기서 말하는 것은 악과 구별되지 않은 선, 하나님의 다스림을 받는 데 본질을 두는 선이다. 그러므로 선한 것은 행위 그 자체다. 창조는 하나님이 스스로 하시는 선행이다. 성서는 칸트의 견해에 반박하면서 의지만 좋은 게 아니라 행위도 좋은 것이고 의당 그래야 한다고 말한다. 성서가 중시하는 것은 다음과 같다. 행동에 옮겨진 것, 그 상태, 의지의 구현, 하나님 나라가 땅에 있게 하는 것, 하나님의 뜻이 땅에서 이루어지게 하는 것, 행위가 이루어지게 하는 것 등이다. 하나님의 세계가 좋은 이유는 그 세계가 존재하기 때문이다. 하나님은 좋은 세계, 좋은 작품을 바라신다. 그분은 세계의 창조주이자 주인이시다. 그분은 창조된 작품을 뒤로하고 몸 없는 영으로, 의향으로 도피하는 것을 금하신다. 하나님은 자신의 작품을 보시고, 사랑하시고, 좋다 말씀하시고, 보존하려 하신다.

지속적 창조creatio continua와 보존은 근본적으로 다르다. 지속적 창조 사상에서는 세계를 무에서 끄집어내기를 되풀이한다. 그러나 이 사상은 불연속의 연속이라는 개념을 통해 하나님의 창조성에서 그분의 절대적인 자유와 일회성을 박탈한다. 이 사상은 우리가 하나님의 행위를 미리 말할 수 없다는 사실을 인정하지 않는다. 지속적 창조라는 개념은 타락한 세계가 늘 새롭게 창조되는 세계가 아니라 **보존된 창조물**이라는 사실도 무시한다. 하나님이 창조된 세계를 보존하신다는 것은, 이 세계가 하나님의 현실 속에 자리한 현재의 순간을 하나님으로부터 받는다는 뜻이다. 이것은 무로부터 "단번에" 끄집어내어진 세계의 존재가 보존된다는 뜻이다. 말씀을 통해 무에서 창조되어 존재로 부름받은 것은 하나님의 눈길을 통해 고정된다. 그것은 다시 생성의 순간에 빠지지 않는다. 하나님은 그것을 보시면서 그것이 좋다고 여기신다. 그러고는 눈길을 작품에 두시면서 그것이 존재하도록 보존하신다. 그러므로 세계는 자신의 창조주이신 분을 통해서만, 창조주이신 분을 위해서만 보존된다. 세계가 보존되는 것은 세계 자신을 위해서가 아니라 하나님의 일별을 위해서다. 보존된 작품은 여전히 하나님의 좋은 작품이다.

창조는 무로부터 끄집어내는 것을 의미하고, **보존**은 존재의 긍정을 의미한다. **창조**는 나의 인식을 "앞서는" 그리고 **보존**을 **앞서는** 실제적 **처음**이다. 창조와 보존은 여기서도 하나다. 그것들은 동일한 대상, 곧 하나님의 선한 창작품과 관계있다. 보존은 언제나 창조와 **관계있고**, 창조는 독자적이다. 그러나 본래의 창조물을 보존하는 것과 타락한 창조물을 보존하는 것은 다르다.

1:4b-5   **하루**

하나님이 빛과 어둠을 나누셔서, 빛을 낮이라 하시고, 어둠을 밤이라고 하셨다. 저녁이 되고 아침이 되니, 하루가 지났다.

하나님의 첫 완성작은 하루다. 하나님은 태초에 하루를 창조하신다. 하루는 다른 모든 것을 나르고, 세계는 하루의 변화 가운데 존속한다. 하루는 독자적 존재, 독자적 형태, 독자적 힘을 가지고 있다. 하루는 물리학의 이해처럼 태양을 중심으로 이루어지는 지구의 자전도 아니고, 어둠과 빛의 예측 가능한 교대도 아니다. 하루는 이 모든 것을 넘어서, 세계의 본질과 우리 실존의 본질을 규정하는 그 무엇이다. 이 경우에는 너무 단조로워서 적합하지 않지만 굳이 말해도 된다면, 하루는 신화적 거물이라고 할 수 있다. 이교 신앙은 낮의 신들과 밤의 신들이 세계에 생기를 불어넣어 충만하게 한다고 말하지만, 여기서는 그 신들이 폐위된다. 하지만 하루는 하나님의 첫 피조물, 하나님의 장중掌中에 있는 놀랍고 강력한 것으로 남는다. 하루는 자신의 피조성과 놀라움 속에 푹 잠겨 있다. 우리는 하루의 힘에서 벗어나, 하루가 우리를 더는 규정하지 못하게 한다. 우리는 하루를 계산하여 장부에 달아 놓는다. 우리는 하루를 못 참고, 하루를 살지 않는다. 종전보다는 덜하지만 오늘날 기술은 하루에 맞서는 전투용 기재器材다. 성서도 우리가 하루에 대해—계량적으로—말하는 것과 똑같이 말한다. 하지만 성서는 하루가 지구의 자전이라는 계산 가능한 하루가 아니라, 거대한 리듬, 곧 창조의 자연스러운 변증법이라는 것도 알고 있다. 형태 없는 것이 아침에 형태 있는 것이 되었다가 저녁에 다시 형태 없는 것이 되어 가라앉는 것, 빛의 밝은 대응물이 어둠 속에서 풀어져 하나가 되는 것, 생생한 소음이 밤의 침묵 속에 멎는 것, 빛 가운데 긴장하며 깨어 있다가 잠에 빠져드는 것, 깨어 있다가 잠이 드는 때(물리적 하루를 훨씬 넘어서는 때)가 자연과 역사와 민족들 속에 있는 것, 이 모든 것은 성서가 하루의 창조, 인간 없는 하루, 인간의 운명을 포함하여 모든 것을 나르는 하루에 대해 말하면서 염두에 두는 내용이다. 한 개체 안에서 이루어지는 휴식과 운동의 리듬, 주고받음을 되풀이하는 리듬, 하나님의 주고받음을 암시하는 리듬, 휴식과 운동 너머에 있는 하나님의 자유를 암시하는 리듬, 바로 이것이 하루다. 성서는 창조의 여섯 날을 말할 때 아침과 저녁으로 이루어진 하루를 염두에 두고 그리했는지 모른다. 하지만 성서는 이 하루조차도 계산 가능한 것으로 여기지 않았다. 물리적인 날을 본연의 날로 만드는 능력, 곧 창조의 자연스러운 변증법이 성서가 생각하는 하루다. "하루"에 관해 말하는 여기서 논의하는 것은 물리적인 문제가 아니다. 창조가 수백만 년의 리듬 속에서 이루어졌는지, 며칠 만에 이루어졌는지는 성서적 사고에 하등 문제가 되지 않는다. 우리는 후자를 확언할 이유도 없고, 전자를 의심할 이유도 없다. 그러한 질문은 우리에게 아무 상관이 없다. 성서 저자의 언어가 인간의 언어라는 점에서, 그가 자신의 시대, 자신의 인식, 자신의 한계에 예속되어 있다는 사실에는 이론의 여지가 없다. 마찬가지로 하나님이 이 언어를 통해서 자신의 창조에 대해 말씀하신다는 사실에도 이론의 여지가 없다. 하루하루라는 하나님의 작품은 창조의 토대가 되는 리듬들이다.

1:6-10, 14-19   고정된 것

하나님이 말씀하시기를 "물 한가운데 창공이 생겨, 물과 물 사이가 갈라져라" 하셨다. 하나님이 이처럼 창공을 만드시고서, 물을 창공 아래에 있는 물과 창공 위에 있는 물로 나누시니, 그대로 되었다. 하나님이 창공을 하늘이라고 하셨다. 저녁이 되고 아침이 되니, 이튿날이 지났다. 하나님이 말씀하시기를 "하늘 아래에 있는 물은 한 곳으로 모이고, 뭍은 드러나거라" 하시니, 그대로 되었다. 하나님이 뭍을 땅이라고 하시고, 모인 물을 바다라고 하셨다. 하나님 보시기에 좋았다.

여기서 우리는 고대 과학의 단순한 세계상을 어느 정도 접하게 된다. 이 표상들은 우리 현대인들에게 정말 터무니없는 것처럼 보인다. 우리네 자연 인식의 급격한 변화들을 고려할 때 너무 자신만만한 조롱은 결코 바람직하지 않겠지만, 성서 저자가 시대의 제약을 받는 자신의 인식 때문에 이 자리에서 웃음거리가 되고 있음은 분명한 사실이다. 어쨌든 하늘과 바다가 그가 말한 그대로 생겨난 것은 아니다. 양심의 가책을 피할 길이 없지만, 우리는 그와 같은 주장을 그대로 받아들이고자 한다. 이것은 축자영감설에 따른 것이 아니다. 창세기 첫 장의 저자는 매우 불완전하다. 그러므로 이러한 사정을 감안할 때 이 구절들에 대해 할 말은 별로 없는 것 같다. 하지만 이 창조의 둘째 날에 전혀 새로운 일이 벌어진다. 고정된 것, 창공, 불변의 것, 생명 없는 것의 세계가 생겨난다. 가장 멀리 떨어져 있어서 우리에게 가장 낯선 작품들, 고정되어 있어 한결같고 고요한 작품들이 태초에 창조되다니, 기막힌 사실이 아닐 수 없다. 고정된 것은 인간의 삶과 전혀 무관하게 하나님 앞에 한결같이 고요하게 자리하고 있다. 영원한 법칙이 그것을 묶고 있다. 이 법칙은 다름 아닌 하나님이 말씀으로 내리신 지시 그 자체다.

　천체의 세계도 하늘 창공에 속해 있다. 그래서 우리는
이 자리에서 14-19절을 앞당겨 다루고자 한다.

하나님이 말씀하시기를 "하늘 창공에 빛나는 것들이 생겨서, 낮과 밤을
가르고, 계절과 날과 해를 나타내는 표가 되어라. 또 하늘 창공에 있는
빛나는 것들은 땅을 환히 비추어라" 하시니, 그대로 되었다. 하나님이
두 큰 빛을 만드시고, 둘 가운데서 큰 빛으로는 낮을 다스리게 하시고,
작은 빛으로는 밤을 다스리게 하셨다. 또 별들도 만드셨다. 하나님이 빛
나는 것들을 하늘 창공에 두시고 땅을 비추게 하시고, 낮과 밤을 다스리
게 하시며, 빛과 어둠을 가르게 하셨다. 하나님 보시기에 좋았다. 저녁
이 되고 아침이 되니, 나흗날이 지났다.

　완전한 법칙성과 불변성을 따르는 날과 해와 계절이
창공에 생겨난다. 여기서는 수數와 그 완고한 법칙이 지배한
다. 창공은 우리의 현존과 무슨 관계가 있는가? 아무 관계도
없다. 인간이 슬퍼하든, 죄과를 범하든, 기뻐하든, 천체는 아랑
곳하지 않고 제 길을 갈 따름이다. 천체는 고정된 상태로 창조

주를 찬양한다. 천체는 인간을 중요시하지도 않고, 비난하지도 않으며, 위로하지도 않는다. 천체는 접근하기 어려운 먼 곳에 그 자체로 있을 뿐이다. 천체는 낮과 밤을 비추되 관여하지는 않는다. 천체는 인간의 현존에 조금도 관여하지 않는다. 그러나 인간은 고정된 것의 세계에 관여한다. 그는 **수**를 알기 때문이다. 중간에 있는 인간은 수를 아는 지식, 불변의 것, 고정된 것, 자신의 불행과 무관해 보이는 것을 아는 지식을 보유하고 있다. 인간은 자신이 수의 세계로 높이 올라가면 올라갈수록, 자신을 둘러싼 공기가 점점 맑아지되 점점 답답하고 희박해져서, 자신이 그 세계에서 살 수 없다는 것을 기막히게 안다. 그런데도 수를 셀 줄 아는 인간은 고정된 것의 세계에서 위로를 받으려고, 자신의 실존과 무관한 세계로 달아나려고 엄청난 노력을 기울인다. 그러면서 그 세계가 인간의 세계보다 먼저 존재했으며 인간의 삶에 조금도 관여하지 않는다는 사실은 알려고 하지 않는다. 어째서 알려고 하지 않는가? 인간은 수와 그 법칙은 알면서도, 날과 해와 계절을 결정하는 수 역시 자체로는 유지되지 못하고, 하나님의 말씀과 지시를 통해서만 유지된다는 사실을 알지 못하기 때문이다. 수가 하나님의 진리 자체인 것은 아니다. 수는 창조주에 의거하여 그분의 진리를 보유하는 여타의 모든 것처럼 하나님의 피조물에 지나지 않는다. 우리는 이 관계를 곧잘 잊어버린다. 우리는 수를 소유하고서 진리와 영원을 소유한 것으로 착각한다. 이 관계 상실은 수학조차도 궁극적 질문을 받으면 역설을 넘어서지 못함을 암시한다. 하나님 없는 수학Zahlenwissen이 궁극적으로 맞닥뜨리는 것은 역설, 곧 모순이다. 중간에 자리한 채 세계의 태초에 대해 듣고, 중간에 자리한 채 고정된 것, 곧 수를 알되, 고정된 것의 세계의 본질이 바로 이 중간에서 새롭게 열리는 것으로 아는 우리가 궁극적으로 맞닥뜨리는 것도 역설, 곧 모순이다. 우리가 고정된 것의 세계의 언어를 더는 이해하지 못하는 까닭은, 우리가 수의 근원을 더는 이해하지 못하기 때문이다. 우리가 인지하는 것은 하나님 없는 언어, 곧 우리 자신이 말하는 언어뿐이다. 이 언어는 자체로 고정된 법칙, 곧 세계의 영원한 법칙에 대해 말하는 언어에 지나지 않고, 이 법칙은 창조주에 관해서는 침묵하고 피조물의 명성에 관해서만 말하는 것에 지나지 않는다. 그러나 우리는 창조주께서 태초에 세계를 창조하셨다는 말을 들음으로써, 잃어버린 관계를 알고, 하나님을 창조주로 믿게 된다. 우리는 하나님이 고정된 것의 세계를 어떻게 지배하시는지를 이해하지 못해도, 고정된 것의 세계, 곧 수의 세계 본래의 피조성을 알지 못해도 그리한다. 이와 같이 우리는 고정된 것의 세계, 한결같은 것의 세계의 근원적 피조성을 알기보다는 하나님을 그 세계의 창조주로 믿는다.

형태 없는 것은 제 힘을 잃음과 동시에 강화하면서 고정된 것의 형태로 발전한다. 형태를 입은 존재는 형태 없는 것의 근원적 힘을 제한한다. 그러나 형태를 입은 이 독자적 존재는 동시에 창조주를 더 완벽하게, 더 힘차게 찬양하는 것을 의미한다. 창조주는 독자적 존재인 고정된 것으로부터 경배를 받으신다. 그러나 이것은 세계가 근원, 곧 창조주로부터 떨어져 나가면 독자적 존재인 고정된 것과 법칙과 수가 자신의 권위를 좇아 행동하면서 자신의 힘을 창조주에게서 탈취한다는 견해도 허락한다. 우리는 중간에 자리한 채 고정된 것과 법칙과 수의 시초에 관해 들으면서 또 하나의 사실도 알게 된다. 이를테면 이 고정된 것이 지금 이 시대에 하나님에 맞서 자신의 독자적 존재를 뽐내며 자신의 힘을 창조주에게서 탈취하고 있다는 것이다. 이는 우리의 죄과 때문이자, 우리의 태초 상실 때문이다. 우리가 고정된 것의 세계에서 창조주를 더는 알아보지 못하고, 믿기만 하는 것은 바로 그 때문이다. 우리는 법칙과 수를 보되, 그 무신성無神性을 보고, 이 창조된 세계 너머에 계신 하나님을 믿는다.

이제는 오래된 물음, 곧 첫째 날에 이루어진 빛의 창조와 넷째 날에 이루어진 태양의 창조에 대한 합리주의적 물음을 다룰 차례다. 헤르더는 성서 저자는 빛이 태양보다 먼저 출현하는 새벽을 염두에 두었을 것이라고 말한다. 그의 말은 옳은 것 같다. 그러나 빛이 태양을 있는 그대로 만드는 것이지, 태양이 빛을 만드는 것이 아니라는 말을 덧붙여야 한다. 하지만 빛의 생성에 관한 물리학의 설명은 "빛"이라는 현상으로 이어진 일련의 현상들을 제시하는 것에 지나지 않는다. 그것으로는 빛의 사실성이 설명되지 않는다. 오히려 빛이 태양을 태양으로 만든다. 빛은 의당 존재해야 하고, 그래서 태양이 빛나는 것이다. 우리가 그 무엇에도 매이지 않는 빛을 생각할 수 없다고 해서 이 관계가 파기되는 것은 아니다. 그 무엇에도 매이지 않는 창조의 빛, 형태 없는 어둠 위에 형태 없이 자리하고 있던 빛은 형태, 법칙, 고정된 것, 수와 결부되면서도 하나님, 곧 하나님의 창조 안에 머무를 뿐, 스스로는 계산 가능한 수가 결코 되지 않는다.

1:11-13, 20-25 생물

하나님이 말씀하시기를 "땅은 푸른 움을 돋아나게 하여라. 씨를 맺는 식물과 씨 있는 열매를 맺는 나무가 그 종류대로 땅 위에 돋아나게 하여라" 하시니, 그대로 되었다. 땅은 푸른 움을 돋아나게 하고, 씨를 맺는 식물을 그 종류대로 나게 하고, 씨 있는 열매를 맺는 나무를 그 종류대로 돋아나게 하였다. 하나님 보시기에 좋았다. 저녁이 되고 아침이 되어, 사흗날이 지났다.

하나님이 말씀하시기를 "물은 생물을 번성하게 하고, 새들은 땅 위 하늘 창공으로 날아다녀라" 하셨다. 하나님이 커다란 바다 짐승들과 물에서 번성하는 움직이는 모든 생물을 그 종류대로 창조하시고, 날개 달린 모든 새를 그 종류대로 창조하셨다. 하나님 보시기에 좋았다. 하나님이 이것들에게 복을 베푸시면서 말씀하시기를 "생육하고 번성하여 여러 바닷물에 충만하여라. 새들도 땅 위에서 번성하여라" 하셨다. 저녁이 되고 아침이 되니 닷샛날이 지났다. 하나님이 말씀하시기를 "땅은 생물을 그 종류대로 내어라. 집짐승과 기어다니는 것과 들짐승을 그 종류대로 내어라" 하시니, 그대로 되었다. 하나님이 들짐승을 그 종류대로, 집짐승도 그 종류대로, 들에 사는 모든 길짐승도 그 종류대로 만드셨다. 하나님 보시기에 좋았다.

급류가 골짜기를 향해 흐르듯이, 창조도 위에서 아래로 마지막 작품을 향해 나아간다. 처음에는 형태 없는 것으로, 그다음에는 리듬에 휩싸인 형태로, 그다음에는 법칙과 수에 휩싸인 제2의 형태로. 창조는 점점 더 자신의 독자적 존재로 나아가, 창조주의 형태보다 자신을 점점 더 명확하게 부각시키다가, 창조주께서 가까이 계심을 점점 더 환호하며 선포한다. 그러나 이제껏 창조된 것의 독자적 존재는 활기를 잃는다. 그 존재는 창조주를 찬양하되, 자신의 작품이 계속 이어지는 것을 통해서가 아니라 오로지 제 자신을 통해서만 그리한다. 그러다가 앞서 등장한 것과는 연속성이 전혀 없는 완전히 새로운 것이 생겨난다. 창조주께서는 당신의 창조물이 당신의 일

을 고분고분 긍정하며 계속 이어가기를 바라신다. 그분은 피
조물이 생육하며 생명을 재창출하기를 바라신다. 생물 자체
는 생명을 창출할 수 있으므로 무생물과 구별된다. 하나님은
당신을 주님이 되게 하는 것, 곧 당신의 창조성을 당신의 작품
에 수여하시고, 그것에게 살라고 외치신다. 하나님이 그리하
셔서, 생물이 창조를 수행하며 그분의 소유가 되어, 그분에게
복종하며 살아가는 것, 이것이야말로 창조주께서 당신의 작
품 가운데서 영광을 받으시는 새로운 방법이다. 창조주께서
는 죽은 상태로 당신에게 복종하는 세계, 영원토록 불변하는
세계의 주님이 되려고 하지 않으시고, 형태가 무한한 생명의
주님이 되려고 하신다. 그분의 말씀대로 죽은 바위에서, 불모
의 땅에서 생명 있는 것, 열매 맺는 것이 돋아나는 것은 그 때
문이다. 이것은 죽음에서 생명으로 넘어가는 발전 과정이 아
니라, 무생물로 생물을 만드시고, 이 돌들로 아브라함의 자손
을 만드실 수 있고, 그리스도에게 죽은 땅에서 부활하라고 하
시는 하나님의 명령에 따른 것이다.(눅 3:8b 참조─옮긴이) 대
지는 생물의 어머니가 된다. 이제부터는 대지의 죽은 어둠에
서 생명이 돋아난다. 씨를 맺는 식물과 열매를 맺는 식물의 세

계가 생겨난다. 다시 말해 독자적 존재인 생명이 생겨나 생명을 재창출한다. 씨를 맺는 식물이 그 종류대로, 곧 생물의 풍성한 다양성 속에서 생겨난다. 대지뿐만 아니라, 활기 없던 바다와 고정된 하늘도 약동하는 생물들로 활기를 띠게 된다. 식물이 대지에 달라붙어 있는 반면, 동물은 활동한다. 동물은 땅을 지배하고, 땅 위에서 자유로이 움직이고, 땅에 매이지 않는다. 물고기와 새도 그 종류대로, 집짐승과 기어다니는 것과 들짐승도 그 종류대로 씨를 품은 채 번식 능력을 타고 생겨난다. 살면서 생명을 창출하는 것에게 창조주께서 넣어 주시는 것은 창조주 자신의 본성이 아니다. 생물과 창조물은 신적인 것이 아니다. 그것은 피조물, 창조된 것, 창조주로부터 분리된 작품, 창조주가 마음대로 처분하는 작품에 지나지 않는다. 그러나 주님은 생겨나는 것의 생명력 속에서, 마주 보이는 것 안에서 당신이 하신 일을 보고 싶어 하신다. 그분은 당신의 작품 속에서 자신을 보고 싶어 하시고, 그분의 작품은 그분께 경의를 표한다. 혹자는 하나님이 당신의 피조물에게 보존 활동을 맡기셔서, 세계와 자연이 스스로를 돌보고, 법칙의 완고함과 생물의 번식 능력이 세계를 보존하는 능력이라고 생각할지도 모르겠다. 시계의 태엽이 감겨서, 이제는 시계가 저절로 돌아간다는 것이다. 그러나 성서는 창조된 세계 안에 "저절로" 돌아가는 것이 없음을 알고 있다. 법칙과 생명을 창출하는 생명은 하나님의 작품으로서 무로부터 창조된 것이므로 오로지 무 안에서만, 하나님 말씀의 자유 안에서만 존립한다. 하나님이 자신의 작품에서 자신의 말씀을 빼내시면, 그 작품은 다시 무에 빠지고 만다. 그러므로 세계 운행의 법칙성, 피조물의 생명력을 하나님의 보존 활동과 동일시해서는 안 된다. 법칙과 생명조차도 하나님의 자유로운 말씀을 통해서만 보존된다. 법칙과 생명은 다른 모든 것과 마찬가지로 피조물에 지나지 않으므로 숭배할 만한 것이 못 된다. 숭배의 대상은 오직 법칙과 생명체를 다스리시는 주님뿐이다.

거듭 등장하는 표현이지만, 서두에 인용한 구절도 다음과 같은 말로 끝난다. "하나님 보시기에 좋았다." 이것은 우리에게 두 가지를 의미한다. 하나님의 작품은 하나님의 의지를 고스란히 담은 형태로서 좋다. 그러나 아무리 "좋아도" 피조물은 창조주께서 그것을 주지하고, 그것을 인정하고, 그것을 두고 "좋다"고 하시기 때문에만 좋을 수 있다. 하나님이 자신의 작품을 주시하신다는 사실, 이것만이 그 작품을 좋게 한다. 그러나 엄밀히 말해서, 작품이 좋은 까닭은 오직 창조주만 선한 분이시기 때문이다. 작품은 자신의 선함das Gutsein을 제 스스로는 보유하지 못하고, 오직 창조주 안에서만 보유한다. 작품의 선함은 작품이 스스로를 매우 단호하게 여의고 창조주와 그분의 선한 말씀만을 가리키며, "하나님 한분밖에는 선한 분이 없다"고 말하는 데 있다.(막 10:18b 참조―옮긴이) 최초의 창조물은 예수께서 하신 이 말씀의 의미에서만 "선하다." 하나님 한분 밖에는 누구도 선하지 않다면, 하나님 한분만이 영광을 받으실 것이다. 피조물의 선함―실제적 선함―은, 피조물이 유일한 주님이신 창조주를 선한 분으로 모시고, 그분의 말씀으로부터만 자신의 선함을 받고, 이 말씀을 유일하게 선한 말씀으로 아는 데 있다. 우리는 피조물의 독자적 존재, 정확히 말하면 피조물의 창조된 존재는 하나님의 존재 안에서 완전히 파기되어 그분에게 완전히 복종한다고 달리 말할 수도 있다. 형태 없는 것의 존재, 율동으로 형성된 것의 존재, 고정된 것, 생물은 독자적 존재의 점진적 강화라고 해도 언제나 전적으로 창조된 존재, 곧 복종하는 존재에 지나지 않아서, 하나님

의 말씀에 비추어서만, 창조하고 보존하시는 하나님의 자유
에 비추어서만 자신의 독자적 존재를 안다.

1:26-27 　　　하나님의 형상을 땅 위에

하나님이 말씀하시기를 "우리가 우리의 형상을 따라서, 우리의 모양대
로 사람을 만들자. 그리고 그가, 바다의 고기와 공중의 새와 땅 위에 사
는 온갖 들짐승과 땅 위를 기어다니는 모든 길짐승을 다스리게 하자"
하시고, 하나님이 당신의 형상대로 사람을 창조하셨으니, 곧 하나님의
형상대로 사람을 창조하셨다. 하나님이 그들을 남자와 여자로 창조하
셨다.

하나님은 자신의 작품을 사랑하신다. 하나님이 그것의 독자
적 존재를 사랑하시는 이유는, 피조물이 창조주께 경의를 표
하기 때문이다. 그러나 아직은 하나님이 자신의 작품 속에서
자신을 아시는 것은 아니다. 자신의 작품을 보셔도 자신을 보
시는 것은 아니다. 자기 자신을 본다는 것은 예컨대 거울에서
자신의 얼굴을 식별한다는 뜻이자, 모상模像을 본다는 뜻이다.

그렇지만 그런 일은 어떻게 일어나는가? 창조주로서 자기 작품의 존경을 받는 분이 어찌 그 작품 속에서 자기 자신을 발견할 수 있단 말인가? 작품은 창조주의 모습이 아니며, 창조주의 모상도 아니다. 그것은 그분의 지시를 받아 생겨난 형상에 지나지 않는다. 결정적인 사실은 다음과 같다. 이를테면 제작자가 작품을 만들어 낸 순간, 작품이 그에게서 떨어져 나오고, 그에게 낯선 것이 되어, 더는 그 자신이 아니라는 것이다. 그 작품은 살아 있어도 죽은 것이나 다름없다. 그 작품은 지어진 것, 제약받는 것에 불과하고, 자유로부터 왔지만 자유롭기는커녕 제약을 받기 때문이다. 오직 자유로운 것만이 죽지 않고, 낯설지 않고, 피조물처럼 떨어져 나가는 일이 없을 것이다. 자유로운 자, 제작자는 자유로운 것 속에서만 자신을 볼 수 있을 것이다. 하지만 어떻게 지어진 것이 자유로운 것이 될 수 있는가? 지어진 것은 고정된 것, 법칙에 매인 것, 제약받는 것일 뿐 자유로운 것이 아니다. 창조주께서 자신의 형상을 만드시려면 자유 속에서 만드셔야 할 것이다. 그럴 때 비로소 이 자유로운 형상은 창조주를 온전히 찬양할 것이고, 그분의 창조성의 영광을 빠짐없이 알리게 될 것이다. 이제 관건은 우리다.

달리 말해 인간 창조가 관건이다. 성서는 앞서 다룬 하나님의 창조성과는 전혀 다른 것을 말하면서 이 작품을 소개한다. 여기서 히브리어의 복수형은 창조주의 행위가 얼마나 의미심장하고 위엄찬 것인지를 알리는 표현이다. 그러나 우리는 다음의 사실도 주목해야 한다. 이를테면 하나님이 다른 모든 것을 불러내실 때처럼 사람을 무로부터 불러내신 것이 아니라, 우리가 예컨대 하나님의 계획에 편입되었다는 것이다. 그 바람에 우리는 새로운 것, 아직 존재하지 않는 것, 매우 독특한 것이 가까이 다가오고 있다는 사실에 주목하게 된다.

하나님이 말씀하시기를 "우리가 우리의 형상을 따라서, 우리의 모양대로 사람을 만들자."

사람은 가장 훌륭한 것으로서, 새로운 것으로서, 작품에 담긴 하나님의 형상으로서 하나님으로부터 태어난다. 여기에는 어딘가에서 넘어옴이 아니라 새로운 창조가 자리하고 있다. 이것은 다윈과는 전혀 무관하다. 사람은—다윈과 무관하게—하나님의 새롭고 자유로우며 비할 바 없는 작품이다.

우리에게 중요한 것은 사람과 동물계의 관련성을 부정하는 것이 아니다. 우리에게 중요한 것은 그 관련성을 넘어서 사람과 하나님의 독특한 관계를 잃지 않는 것이다. 사람의 기원과 본질을 중요하게 다루는 이 자리에서 엄청난 비약으로 잃어버린 태초의 세계에 다다르려 하고, 이 자리에서 원시 상태의 인간이 어떤 존재였는지를 직접 알려고 하고, 이 자리에서 인간 자신의 이상을 하나님의 창조 현실과 일치시키려 하고, 이 자리에서 우리가 그리스도에 의거해서만 태초의 사람을 알수 있음을 부인하려고 하는 것은 가망 없는 시도다. 이처럼 이해는 되지만 가망 없는 시도가 교회를 거듭 고삐 풀린 사변의 위험한 자리에 넘겨주었다. 오직 중간에서만, 우리는 그리스도에 의거하여 사는 사람으로서 태초를 알 수 있다.

하나님이 사람을 자신의 형상대로 창조하셔서 땅 위에 두셨다는 것은, 사람이 창조주를 닮아서 자유롭다는 뜻이다. 물론 사람은 하나님의 창조, 하나님의 말씀을 통해서만 자유롭다. 그가 자유로운 것은 창조주를 찬양하기 위해서다. 성서의 언어상 자유는 사람 스스로를 위한 것이 아니라 타자를 위한 것이다. 누구도 "자체로는^an sich" 자유롭지 않다. 이는 마치 진공의 공간에서 자체로 음악에 소질이 있거나, 자체로 총명하거나, 자체로 눈먼 것과 같다. 자유는 사람의 자질이 아니며, 어떤 식으로든 그의 내면 깊은 데서 발굴해 낼 수 있는 능력이나 소질이나 기질이 아니다. 자유에 초점을 맞추고 인간을 연구하는 사람은 자유와 관련된 것을 하나도 발견하지 못할 것이다. 어째서 그런가? 자유는 발굴 가능한 자질, 소유물, 수중에 있는 것, 객관적인 것, 형태로 존재하는 것이 아니라, 관계이고, 그렇지 않다면 아무것도 아니기 때문이다. 좀 더 정확히 말하면 자유는 둘 사이의 관계다. 자유로움Freisein이 "타자를 위한 자유로움"인 까닭은, 내가 타자와 연결되어 있기 때문이다. 나는 타자와 관계를 맺을 때에만 자유롭다. 실체적 자유 개념이나 개인주의적 자유 개념은 결코 자유를 사고할 수 없다. 자유는 본성처럼 내 마음대로 할 수 없는 것, 그냥 생겨나는 것, 발생하는 것, 타자를 통해 나에게 생기는 것이다.

어디서 이것을 알게 되는가? "이것은 또다시 중간에 자리한 존재에서 벗어나 태초에 대해 사색하는 것이 아닌가?"라고 우리 중 누군가 묻는다면, 우리는 다음과 같이 대답하겠다. "하나님의 자유는 우리와 결부되어 있으며, 하나님의 자유로운 은총은 우리에게만 현실이 되며, 하나님은 스스로를 위해서가 아니라 사람을 위해서 자유로우시다. 바로 이것이 복음서의 전언이다." 하나님은 그리스도 안에서 사람을 위해 자유로우시고, 자신의 자유를 자신을 위해 간직하는 분이 아니시기에, 우리가 생각할 수 있는 자유는 "~를 위한 자유로움" 뿐이다. 하나님이 자유로우시다는 것은, 하나님이 중간에 있는 우리를 위해서 그리스도를 통해 존재하시며, 그리스도의 부활 속에서 우리네 인간 존재를 하나님을 위해 자유로운 존재로 아신다는 뜻이다. 창조주의 자유는 하나님이 자신을 위해 우리를 자유롭게 하셨다는 사실, 바꾸어 말하면 하나님이 자신의 형상을 땅 위에 창조하셨다는 사실만을 입증한다. 그래도 창조된 자유의 모순은 제거되지 않고 남아 있다. 실로 이 모순은 가장 극단적인 제거를 요구한다. 창조된 **자유**는—이제껏 이루어진 하나님의 모든 활동을 능가하는 것, 본래 일회적인 자유로서—하나님이 친히 자신의 피조물 안으로 들어가시는 것을 의미한다. 이제 하나님은 명령하시고, 그래서 말씀이 이루어지는 것만이 아니라, 그분이 친히 피조물 안으로 들어가셔서 자유를 창조하신다. 사람이 여타의 피조물과 구별되는 것은, 하나님이 친히 사람 안에 계시고, 사람이 하나님의 모상이며, 하나님이 그 모상을 보면서 자신을 보시기 때문이다. 이는 옛 교의학자들이 아담 안에 삼위일체 하나님이 내주內住하셨다고 말하면서 밝힌 견해다. 성령께서는 자유로운 피조물 안에서 창조주를 찬미한다. 창조되지 않은 자유가 창조된 자유에 달라붙어 자신을 찬미한다. 피조물이 창조주를 사랑하는 이유는, 창조주께서 피조물을 사랑하시기 때문이다. 창조된 **자유**는 성령 안에 있는 자유다. 하지만 그 자유는 **창조된** 것으로서 사람의 자유이기도 하다. 자유로운 사람의 이 피조성은 어떻게 드러나는가? 창조주의 자유는 창조된 것의 자유와 어디서 구별되는가? 창조된 것은 어떻게 자유로운가? 피조물은 다른 피조물과 관계를 맺고, 사람은 사람을 위해 자유롭다는 사실에서 자유롭다. 창조주께서는 사람을 남자와 여자로 창조하셨다. 사람은 혼자가 아니다. 사람은 이원二元, Zweiheit으로 존재하며, **그의 피조성은 타자에게 의존하는 데에 그 본질이 있다.** 사람의 피조성은 그의 자유와 마찬가지로 자질도 아니고, 현존하는 것도 아니며, 존재자도 아니다. 우리는 사람의 피조성을 사람들이 서로 마주 보며 서로 의지하는 것으로서만 정의할 수 있다. 그러므로 "하나님을 닮은 형상"은 인간이 자신의 즉자 대자적 존재即者對者的 存在, An-und-für-sich-sein 안에서, 곧 자신의 존재 안에서 하나님을 닮았다고 말하는 존재의 유비analogia entis가 아니다. 사람과 하나님 사이에는 그러한 유비가 존재하지 않는다. 하나님은 자신의 자존성Aseität 안에서 홀로 즉자 대자로 존재하는 분이시지만, 동시에 자신이 "사람을 위해 존재"하고 계심을 그리스도 안에서 입증하는 분이라는 점에서 자기 피조물을 위해 존재하는 분, 자기 자유를 사람에게 붙들어 매는 분, 독존獨存하지 않는 분으로 생각되어야 하기 때문이다. 사람과 하나님의 유사성, 곧 사람과 하나님의 유비는 존재의 유비가 아니라, **관계의 유비**analogia relationis다. 그러나 이것이 의미하는 바는 다음과 같다. ⓐ 관계relatio 역시 사람의 고유한 능력, 가능성, 그의 존재를 구성하는 한 요소가 아니라, 선물로 주어져 설정된 관계, 곧 수동적 의justitia passiva이다! 그리고 이 설정된 관계 속에 자유가 놓여 있다. ⓑ 그러므로 우리는 이 유비(유사성)를, 사람이 어떤 식으로든 제 소유로 삼고 마음대로 처분할 수 있는 것으로 이해해선 안 된다. 오히려 우리는 유비, 곧 유사성을 다음과 같이 매우 엄밀하게 이해해야 한다. 이를테면 닮은 것은 자신의 유사성을 원형Urbild으로부터**만** 받고, 우리에게 늘 원형만을 가리키고, 이 지시 속에서**만** "닮은" 것이 된다는 것이다. 그러므로 존재의 유비는 하나님이 직접 설정하신 관계이며, 하나님이 설정하신 이 관계 속에서만 유비일 수 있다. 피조물과 피조물의 관계는 하나님이 설정하신 관계다. 그것은 자유 안에 있고, 자유는 하나님에게서 비롯된 것이기 때문이다.

이원二元으로, 곧 남자와 여자로 존재하는 사람은 하나님의 모상으로 창조되어, 고정된 것과 생물의 세계로 투입된다. 사람에 대한 그의 자유가 사람을 **위해** 자유로운 데 있었듯이, 다른 피조 세계에 대한 그의 자유는 그 세계**로부터** 자유로운 데 있다. 바꾸어 말하면 그는 그 세계의 주인이다. 그는 그 세계를 마음대로 할 수 있다. 그는 그 세계를 다스린다. 이것이야말로 하나님의 모상으로 창조된 그의 다른 면모다. 사람은 다스리지 않으면 안 된다. 물론 하나님의 피조물을 다스리되, 하나님으로부터 위임과 다스림의 능력을 받은 자로서 그리해야 한다. 피조물로부터 자유롭다는 것은 정신이 자연으로부터 관념적으로 자유롭다는 말이 아니다. 이 다스림의 자유로움은 다스림을 받는 피조물에게 매이는 것을 포함한다. 경작지와 가축은 내가 그 주인이지만, 엄연한 세계다. 나는 그 세계에서 살고, 그 세계가 없으면 존재하지 못한다. 그것은 내가 다스리는 나의 세계, 나의 땅이다. 내가 그것으로부터 자유롭다는 말은 나의 고유한 본성, 곧 나의 정신이 그 세계, 다시 말해 정신에 낯선 자연을 필요로 하지 않는다는 뜻이 아니다. 오히려 나의 전 존재, 나의 피조성은 세계에 완전히 속해 있다. 세계는 나를 낳고, 나를 부양하고, 나를 떠받친다. 그러나 내가 세계로부터 자유로운 까닭은, 주인이 종에게 매이고, 농부가 자기 땅에 매이듯이, 내가 매여 있는 세계가 나에게 복종하기 때문이고, 나는 나의 땅인 세계를 **다스리지** 않으면 안 되고, 세계가 그만큼 더 **나의** 땅이 될수록 그것을 더 힘차게 다스려야 하기 때문이다. 이것은 하나님의 말씀을 통해서만 사람에게 부여되는 권한, 사람을 다른 피조물에게 매우 독특하게 붙들어 매고 맞세우는 권한이다. 흔히들 우리는 이 모든 것을 더는 알지 못하며, 이 모든 것은 선의의 신화 내지 잃어버린 세계라고 한다. 우리도 다스린다고 생각하지만, 그것은 "발푸르기스의 밤Walpurgisnacht"에 등장하는 대사와 같다. "당신은

밀고 있다고 생각하지만, 실은 밀리고 있는 겁니다."[『파우스트』(괴테, 문학동네) 발푸르기스의 밤, 264쪽—옮긴이] 우리는 다스리기는커녕 오히려 다스림을 받고 있다. 사물, 곧 세계가 사람을 다스리고, 사람은 세계의 포로, 세계의 노예다. 사람이 다스린다는 것은 착각이다. 기술이 곧 권력이고, 땅이 그 권력을 등에 업고 사람을 향해 손을 뻗어 그를 제압한다. 우리가 땅을 잃고, 땅이 더 이상 **우리의** 땅이 되지 않고, 우리가 소외되는 까닭은 우리가 더는 다스리지 못하기 때문이다. 우리가 다스리지 못하는 까닭은, 우리가 세계를 하나님의 창조물로 인식하지 않고, 다스리는 권한을 하나님으로부터 받지 않고 스스로 차지하기 때문이다. "~를 위한 자유로움"이 없으면, "~로부터의 자유로움"도 있을 수 없다. 하나님 섬김이 없으면, 다스림도 있을 수 없다. 사람이 이 둘 가운데 어느 하나를 잃으면 나머지 하나도 잃을 수밖에 없다. 하나님이 없고, 형제자매가 없으면, 사람은 땅을 잃고 만다. 몹시 감상적이어서 땅 다스리기를 두려워한 나머지 사람은 줄곧 하나님과 형제자매를 잃고 말았다. 하나님, 형제자매, 땅은 서로 긴밀하게 연결되어 있다. 그러나 일찍이 땅을 잃은 사람, 곧 중간에 자리한 우리가 다시 땅에 다가가려면 하나님과 형제자매에게 다가가는 수밖에 없다. 사람이 땅에 다가가는 것이 근본적으로 가능하려면 하나님이 사람에게 다가오시는 수밖에 없다. 하나님과 형제자매가 사람에게 다가오는 곳에서만, 사람은 다시 땅에 다가갈 수 있다. 사람이 하나님과 타인을 위해 자유로운 것과, 사람이 피조물을 다스리면서 피조물로부터 자유로운 것, 바로 이것이 첫 사람이 보유한 하나님의 형상이다.

1:28-31, 2:1-4a 복과 완성

하나님이 그들에게 복을 베푸셨다. 하나님이 그들에게 말씀하시기를 "생육하고 번성하여 땅에 충만하여라. 땅을 정복하여라. 바다의 고기와 공중의 새와 땅 위에서 살아 움직이는 모든 생물을 다스려라" 하셨다. 하나님이 말씀하시기를 "내가 온 땅 위에 있는 씨 맺는 모든 채소와 씨 있는 열매를 맺는 모든 나무를 너희에게 준다. 이것들이 너희의 먹거리가 될 것이다. 또 땅의 모든 짐승과 공중의 모든 새와 땅 위에 사는 모든 것, 곧 생명을 지닌 모든 것에게도 모든 푸른 풀을 먹거리로 준다" 하시니, 그대로 되었다. 하나님이 손수 만드신 모든 것을 보시니, 보시기에 참 좋았다. 저녁이 되고 아침이 되니, 엿샛날이 지났다.

하나님이 사람에게 베푸시는 복은 하나님이 약속하신 사항, 하나님이 확약하신 사항이다. 복은 복을 받는 사람의 선별을 의미한다. 복은 사람에게 내려, 저주로 바뀔 때까지 사람 위에 머문다. 복과 저주는 하나님이 사람에게 지우시는 짐이다. 그것들은 상속되지만, 당사자가 이해하거나 깨닫지 못하는 때도 더러 있다. 복과 저주는 대단히 현실적인 것들이다. 그것들은 "마술"을 의미하는 불가사의한 것이 아니라, 실제적인 것들이다. 생육하고 번성하여 세계를 다스리고 정복하라는 복의 선언은 사람이 자리한 생명체의 세계에서 사람을 철저히 긍정한다. 여기서 복을 받는 것은 사람이 뼈저리게 경험하는 실존, 곧 그의 피조성, 그의 세상성, 그의 땅성Erdhaftigkeit이다. 그러나 이 복이 한 번이라도 저주로 바뀌면 어찌되는가? 하지만 이 복은 당분간 하나님이 자신의 작품을 좋게 보셨다는 사실만을 의미한다. 저녁이 되고 아침이 되니, 엿샛날, 곧 마지막 날이 지났다.

하나님은 하늘과 땅과 그 가운데 있는 모든 것을 다 이루셨다. 하나님은 하시던 일을 엿샛날까지 다 마치시고, 이렛날에는 하시던 모든 일에서 손을 떼고 쉬셨다. 이렛날에 하나님이 창조하시던 모든 일에서 손을 떼고 쉬셨으므로, 하나님은 그날을 복되게 하시고 거룩하게 하셨다. 하늘과 땅을 창조하실 때의 일은 이러하였다.

성서에서 안식은 휴식 그 이상을 의미한다. 그것은 완수한 뒤에 이루어지는 쉼, 완성, 세계를 감싸는 하나님의 평화, 성화聖化를 의미하며, 시선을 하나님의 하나님되심으로, 하나님 경배로 돌리는 것을 의미한다. 하지만 그것은 무기력한 하나님의 쉼이 아니라, 창조주의 쉼이다. 그것은 세계의 떨어져 나감이 아니라, 창조주를 바라보는 세계의 궁극적 찬미다. 하나님은 안식하시면서도 여전히 창조주로 머무르셔야 한다. "내 아버지께서 이제까지 일하고 계시니, 나도 일한다." (요 5:17b―옮긴이) 하나님은 창조주로 머무시되, 이제는 자신의 일을 다 마치신 분으로서 그리하신다. 우리는 이와 동시에 하나님의 안식을 그분의 창조물의 안식으로 이해한다. 하나님의 안식은 우리의 안식이다(이는 마치 그분의 자유가 우리의 자유이고, 그분의 선이 우리의 선인 것과 같다). 그런 까닭에 하나님은 아담과 우리—하나님의 안식 속에서 안식을 얻을 때까지는 마음이 불안한 우리—를 위해 자신의 안식일을 거룩하게 하신다.[『고백록』(아우구스티누스) 제1권 1장. "우리 마음이 당신 안에서 쉴 때까지는 편안하지 않습니다." 참조—옮긴이] 이 안식은 철두철미 하나님의 백성에게 주어진 약속이다. 경건한 정적주의에 빠져 하나님의 안식을 성급하게 독점하려 하거나, 뻔뻔스럽게도 낙원의 안식이 지루하다고 투덜거리며 소요와 다툼을 옹호하고 찬미하는 것은 신앙 없는 오만불손과 다름없다. 자기 활력에 들뜬 요란한 기쁨은 "살아 계신" 하나님 앞에서 신속히 입을 다물어야 마땅하다.

안식일은 신약성서에서 주님이 부활하신 날과 같은 날이다. 안식의 날, 승리의 날, 다스림의 날, 완성의 날, 성화의 날, 우리에게는 찬미의 날, 희망의 날, 하나님의 집에서 궁극적으로 쉬게 될 날을 내다보는 날, "백성의 안식"을 고대하는 날. 한 주간의 모든 날은 엄밀히 말하면 오로지 그날을 위해 마련되었다. 그러니 그 축제일을 성화하고 늦잠으로 놓치지 마라. 궁극적 평화, 예수 그리스도의 부활일, 최후 부활의 날, 창조주와 피조물의 안식의 날을 위해 작품이 지어졌고, 우리가 창조되었다. "그들은 수고를 그치고 쉬게 될 것이다. 그들이 행한 일이 그들을 따라다니기 때문이다."(계 14:13b—옮긴이)

창세기

2장

2:4b 이하　　　**다른 면**

일찍이 주목받은 대로, 첫째 창조 이야기와는 전혀 다른, 좀
더 오래된 둘째 창조 이야기가 있다. 이것을 어떻게 판단해
야 하는가? 이것은 우리의 해석에 무엇을 의미하는가? 두 창
조 이야기를 얼핏 보아도 다음의 사실이 분명해진다. 이를테
면 첫째 보도와 둘째 보도는 양면으로 이루어진 한 사건을 서
술한 것에 지나지 않는다는 것이다. 더욱이 첫째 보도는 둘째
보도 없이 자신이 말하려는 바를 진술할 수 없고, 둘째 보도도
첫째 보도 없이는 자신이 말하려는 바를 진술할 수 없다고 말
할 수밖에 없다(물론 이 판단은 성서를 전체로 이해하고 파악함으로
써만 성립된다). 첫째 보도는 위로부터, 하나님으로부터 사고한

다. 이 보도에서 사람은 하나님이 수행하시는 자기 확대의 마지막 작품이다. 세계는 하나님을 위해, 오직 그분의 영광을 위해서만 창조되고, 사람은 창조주 자신의 가장 귀한 그릇容器이자 거울이다. 하나님이 수행하신 창조의 영광과 영예만 있고, 이를 위해 모든 것이 창조된다. 세계는 인간 창조에도 불구하고 심연에 자리한 세계, 낯설고 먼 세계로 머문다. 반면에 둘째 보도는 가까운 세계와 가까이 계신 주님, 곧 땅 위의 **낙원**에서 아담과 함께 사시는 주님께 관심을 기울인다. 첫째 보도에는 하나님을 위한 인간이 등장하고, 둘째 보도에는 인간을 위한 하나님이 등장한다. 첫째 보도에는 창조주와 주님이 등장하고, 둘째 보도에는 가까이 계신 하나님, 아버지 같은 하나님이 등장한다. 첫째 보도에는 온 세계를 창조하신 하나님의 업적 가운데 마지막 업적으로서 인간 창조가 등장하고, 둘째 보도에서는 이와 반대로 하나님이 먼저 사람을 지으시고, 그런 다음 사람 주위에, 사람을 위해 동물과 새를 지으시며, 사람을 위해 나무들이 자란다. 둘째 보도에는 사람 이야기가, 첫째 보도에는 하나님의 활동이 등장한다. 둘째 보도에는 하나님과 함께하는 사람 이야기가, 첫째 보도에는 사람과 함께하는 하나님의 활동이 등장한다. 둘째 보도에는 가까이 계신 하나님이, 첫째 보도에는 멀리 계신 하나님이 등장한다. 둘째 보도에는 하나님 자신이 사람의 모습으로, 천진난만한 사람의 모습으로 등장하고, 첫째 보도에는 신성에 둘러싸인 하나님이 등장한다. 하지만 두 보도는 같은 하나님과 같은 사람에 대해 서술하는 인간의 말, 유치하면서도 겸손한 말일 뿐이다. 따라서 창세기 2장은 창세기 1장의 다른 면—(전체를 한 번에 파악할 때) 자의적인 면이라기보다는 필연적인 면—이라고 할 수 있다.

주 하나님이 땅과 하늘을 만드실 때에, 주 하나님이 땅 위에 비를 내리지 않으셨고, 땅을 갈 사람도 아직 없었으므로, 땅에는 나무가 없고, 들에는 풀 한 포기도 아직 돋아나지 않았다. 땅에서 물이 솟아서, 온 땅을 적셨다.

이것은 첫째 보도에 등장하는 "혼돈하고 공허하며"라는 표현에 어느 정도 상응한다.

2:7 **흙과 영으로 지어진 사람**

주 하나님이 땅의 흙으로 사람을 지으시고, 그의 코에 생명의 기운을 불어넣으시니, 사람이 생명체가 되었다.

여기서 우리는 종전과 달리 오로지 땅만 매우 또렷이 보게 된다. 이 구절에서 우선적으로 관심을 기울이는 것은 우주적인 것이 아니라, 우리의 땅과 사람이다. 이 구절에서는 하나님도 야훼Jahwe라는 자신의 매우 특정한 고유명사를 보유하신다(야훼의 의미에 대해서는 일치된 견해가 없다). 하나님은 실제로 그렇게 불리시며, 이 구절에서 언급하는 바로 이 하나님이 그러하시다. 창세기 1장에 등장하는 엘로힘Elohim은 고유명사가 아니라 보통명사로서 "신성"을 의미하는 것 같다. 혹자는 그 고유명사를 매우 원시적인 하나님 이해의 증거로 여긴 나머지, 이 구절은 창세기 1장이 말하는 권능 있는 하나님에 대해 말하는 것이 아니라고 말할지도 모른다. 하지만 우리는 바로 다음과 같이 대꾸할 수 있다. 이를테면 하나님의 본성을 표현하는 방식 중에서 공공연한 신화, 곧 하나님을 의인화하여 이해하는 것은 "신성"이라는 보통명사를 추상적으로 사용하는 것보다 더 부적절하고 더 부적합한 표현 방식이 아니라는 것이다. 오히려 명료한 의인화 속에서는 다음의 사실이 훨씬 강하게 드러난다. 말하자면 "하나님 자체Gott an sich"를 이러저러하게 생각해선 안 된다는 것이다. 엄밀히 말해서 추상적인 하나님 개념은 자신으로 있으려 하지 않기에 유치한 의인화보다 더 의인화되기 쉽다. 따라서 하나님을 바르게 사유하려면, 하나님의 고유명사가 필요하다. 실로 그 고유명사는 하나님 자신이다. 우리는 하나님을 그분의 이름 안에서만 감득感得할 수 있다. 이것은 오늘날도 마찬가지다. 예수 그리스도, 이것이야말로 최고도로 의인화된, 그러면서 동시에 지극히 사실적인 하나님의 이름이다.

하나님은 경작지의 티끌로 사람을 조성하시고, 그의 코에 생명의 숨을 불어넣으셨다. 여기서도 모든 일이 일시에 벌어진다. 표현 방식은 극도로 유치해서, 실제로 이렇다 할 것을 "알아내려고" 하는 사람에게 불쾌감을 유발한다. '어찌 하나님을 흙과 점토로 그릇을 빚는 사람에 비유할 수 있단 말인가? 하나님이 토기장이, 점토 조형 예술가이고, 사람이 그릇처럼 흙덩어리로 빚어졌다니 의인화가 점점 불쾌해지는구나. 여기서는 사람의 기원에 관한 지식을 조금도 얻을 수 없구나!' 확실히 이 이야기는 설화처럼 중요치 않을 수도 있고, 여타의 많은 창조 신화들처럼 의미심장한 것일 수도 있다. 그러나 이 이야기는 하나님의 말씀으로서의 자격을 부여받았기에 인간의 기원에 관한 지식의 **원천**이다. 이 구절이 말하는 것은 앞서 말한 것과 썩 어울리고 일치한다.

야훼께서 사람을 손수 지으신다는 사실은 다음 두 가지를 말한다. 하나는 창조주와 피조물의 육체적 친밀성, 나─사람─를 손수 지으시는 이가 바로 그분이라는 것, 그분이 나를 돌보고, 생각하며, 나와 동행하려고 하시며, 나와 가까이 계신다는 것이고, 다른 하나는 그분이 자신의 전능과 절대적 탁월함으로 나를 빚어 만드시고 나는 그분의 피조물이라는 것, 그분이 자신의 부성父性으로 나를 창조하시고 나는 그분을 찬미한다는 것, 성서 전체가 바로 이 하나님을 증언한다는 것이다.

사람은 하나님이 자기 형상대로, 곧 자유 안에서 창조

하신 자이자, 하나님이 흙으로 빚으신 자다. 다윈과 포이어바흐조차도 여기서 말하는 것보다 더 강력하게 말하지는 못했다. 한 덩이의 흙이 사람의 고향이다. 사람이 땅과 결부되어 있다는 사실이야말로 그의 본질이다. "대지는 그의 어머니다."(집회서 40:1 참조―옮긴이) 그는 그 모태에서 나온다. 물론 사람의 출처인 대지는 아직 저주를 받지 않고 복을 받은 상태다. 그것은 사람의 출처로서 하나님의 대지다. 사람은 대지에서 자신의 **몸**을 얻는다. 그의 몸이 곧 그의 본질이다. 그의 몸은 그의 감옥, 그의 싸개, 그의 껍데기가 아니다. 그의 몸은 그 자신이다. 사람은 몸과 영혼을 따로 지닌 존재가 아니다. 사람은 몸과 영혼"이다." 태초의 사람은 실제로 그의 몸이다. 그와 그의 몸은 하나다. 이는 그리스도가 그리스도의 몸이고, 교회가 그리스도의 몸인 것과 같다. 자기 몸을 버리는 자는 창조주하나님 앞에서 자기 실존을 버리는 자다. 어머니 대지와 연결되어 몸으로 존재하는 것이야말로 인간 현존이 지닌 엄숙성이다. 사람은 자신의 현존을 대지 위의 현존으로서 보유한다. 그는 위로부터 가혹한 운명을 부여받고 지상의 세계에 표착^{漂着}하여 머슴살이하는 자가 아니다. 그가 죽은 것 같은 상태로 대지 속에서 잠자고 있을 때, 전능하신 하나님의 말씀이 그를 대지에서 불러냈으므로, 그는 한 덩이의 흙 자체이되, 하나님이 사람으로 임명하신 흙이다. "잠자는 사람아, 일어나라. 죽은 사람 가운데서 일어서라. 그리스도께서 너를 환히 비추어 주실 것이다."엡 5:14 미켈란젤로도 그리 생각했다. 갓 생겨난 대지에서 잠자는 아담은 자신이 자리한 대지와 확고하고도 밀접하게 연결되어 있다. 그는 자신의 가장 독특하고 가장 경이로운 현존을 꿈꾸지만, 여전히 한 덩이의 흙이다. 이처럼 복된 대지, 곧 창조의 대지에 착 달라붙어 있다가 첫 사람의 영광이 가시화된다. 첫 사람은 대지에 잠들어 있다가, 곧 창조의 잠에 깊이 빠져 있다가 하나님의 손가락이 구체적으로 닿자 생명을 경험한다. 사람을 만든 이 손은 아득한 옛날에 그랬듯이 지금도 사람을 부드럽게 어루만져 깨워 살리는 손이다. 하나님의 손은 사람을 움켜쥐지 않고 해방한다. 그 손의 창조력은 창조주의 절절한 사랑이 되어 지금도 피조물에 미치고 있다. 시스티나 성당의 천장화에 등장하는 하나님의 손은 여러 심오한 사색보다 창조에 대해 더 많은 지식을 담고 있다.

그리고 하나님은 그의 코에 생명의 숨을 불어넣으셨다.

그러자 사람이 생명체가 되었다. 여기서 몸과 생명은 서로 상대의 안으로 들어가 섞인다. 하나님은 사람의 몸에 자신의 영을 불어넣으신다. 그리고 이 영은 생명으로서 사람을 살아 있게 한다. 다른 생명은 하나님이 자신의 말씀으로 창조하시고, 사람에게는 자신의 생명, 자신의 영을 주신다. 사람은 하나님의 영이 없으면 사람으로 살지 못한다. **사람으로** 산다는 것은 영을 입은 몸으로 산다는 뜻이다. 몸을 회피하는 것은 사람다움을 회피하는 것이자, 영을 회피하는 것이다. 영이 몸의 실존 형태이듯이, 몸은 영의 실존 형태다. 이 모든 것은 사람을 두고 하는 말이다. 사람에게서만 몸과 영을 알 수 있기 때문이다. 사람의 몸은 비인간계의 모든 육체와 구별된다. 그 이유는 사람이 땅 위에서 하나님의 영의 실존 형태이기 때문이다. 사람은 다른 모든 생명과 전혀 다르다. 그 이유는 그가 이 땅과 같기 때문이다. 사람의 몸은 실로 하나님의 영을 통해서만 산다. 이것이야말로 그의 본질이다. 하나님은 몸 안에서 영광을 받으신다. 좀 더 정확히 말하면 사람의 몸이라는 특별한 존재 안에서 영광을 받으신다. 그런 까닭에 하나님은 창조된 상태로 존재하던 최초의 몸이 파괴되는 곳에서 또 다시 몸, 곧 예수 그리스도 안으로 들어가시고, 그런 다음 이 몸이 찢어지는 곳에서 살과 피라는 형상 속으로 들어가신다. 성찬식의 살과 피는 타락한 아담을 위한 약속의 실현, 곧 새 창조의 현실이다. 아담은 몸으로 창조되었으므로 구원도 몸으로 받는다. 하나님이 예수 그리스도 안에서 그리고 성찬 안에서 아담에게 몸으로 다가오시는 것이다.

이렇게 창조된 사람이 하나님의 모상인 사람이다. 사람이 하나님의 모상인 이유는 그가 자신의 육체성에 맞서기 때문이 아니라, 그가 자신의 육체성 안에 있기 때문이다. 그런 까닭에 그는 자신의 몸으로 대지 및 여타의 몸과 관계를 맺고, 타자를 위해 살고, 타자에게 의지한다. 그는 자신의 몸으로 형제자매와 대지를 발견한다. 흙과 영으로 지어진 사람은 그러한 피조물로서 자기 창조주 하나님을 "닮았다."

2:8-17   땅의 한가운데

주 하나님이 동쪽에 있는 에덴에 동산을 일구시고, 지으신 사람을 거기에 두셨다. 주 하나님은 보기에 아름답고 먹기에 좋은 열매를 맺는 온갖 나무를 땅에서 자라게 하시고, 동산 한가운데는 생명나무와 선과 악을 알게 하는 나무를 자라게 하셨다. 강 하나가 에덴에서 흘러나와서 동산을 적시고, 에덴을 지나서는 네 줄기로 갈라져서 네 강을 이루었다. 첫째 강의 이름은 비손인데, 금이 나는 하윌라 온 땅을 돌아서 흘렀다. 그 땅에서 나는 금은 질이 좋았다. 브돌라라는 향료와 홍옥수와 같은 보석도 거기에서 나왔다. 둘째 강의 이름은 기혼인데, 구스 온 땅을 돌아서 흘렀다. 셋째 강의 이름은 티그리스인데, 앗시리아의 동쪽으로 흘렀다. 넷째 강은 유프라테스이다. 주 하나님이 사람을 데려다가 에덴 동산에 두시고, 그곳을 맡아서 돌보게 하셨다. 주 하나님이 사람에게 명하셨다. "동산에 있는 모든 나무의 열매는, 네가 먹고 싶은 대로 먹어라. 그러나 선과 악을 알게 하는 나무의 열매만은 먹어서는 안 된다. 그것을 먹는 날에는, 너는 반드시 죽는다."

최초의 땅, 갓 생겨난 땅에 관해 동화의 언어로 말하지 않고 어찌 다른 언어로 말하겠는가? 하나님은 손수 지으신 사람에게 극히 아름다운 정원을 마련해 주신다. 사막 지역의 사람이 아름다운 강이 흐르는 땅, 온갖 유실수가 자라는 땅 말고 무슨 땅을 생각하겠는가? 첫 사람은 보석들, 독특한 향기들, 현란한

색깔들에 둘러싸인다. 대단히 놀라운 사물들이 언급되는 땅, 곧 유프라테스 강과 티그리스 강 사이의 먼 동쪽에 자리한 비옥한 땅이 첫 사람의 공간, 첫 사람의 정원이었을 것이다. 누가 이 사물들을 그림 이외의 방법으로 말할 수 있으랴? 그림은 허구가 아니다. 그림은 사물을 표현하고, 사물의 의미를 드러낸다. 물론 그림은 변한다. 아이의 그림은 어른의 그림과 다르다. 사막 사람의 그림은 대도시 사람의 그림과 다르다. 그러나 아무리 이러니저러니 해도, 그림은 진실하다. 이는 인간의 언어, 곧 개념어 일반이 진실한 것이 될 수 있는 것과 같다. 더 자세히 말하면 그림은 그 속에 하나님이 계시는 한 진실하다. 창세기 저자는 어떻게 사람이 이 정원에 놓여 살게 되었는지, 어떻게 두 그루의 나무—생명나무와 선과 악을 알게 하는 나무—가 정원 한가운데 서 있게 되었는지를 처음부터 끝까지 그림의 틀 안에서 이야기한다. 이 두 나무에 사람의 운명이 달려 있다. 우리는 신성한 대상들을 만지지 말라는 금지령을 통해 그림의 세계, 마법의 세계, 마술 효과의 세계 속에 자리하게 된다. 우리는 불가사의한 힘을 지닌 나무들, 마법에 걸린 동물들, 마법의 정원을 거니시는 하나님의 종들로서 불꽃을

튀기는 천사들의 모습, 하나님의 수수께끼 같은 행동, 남자의 갈빗대로 여자를 창조하신 일에 관해 듣는다. 사람, 곧 영리한 사람은 바로 이 세계 한가운데 자리한다. 그는 주변 세계를 알고, 그 세계를 자유롭게 명명하고, 동물계 전체를 바라보며 동물들의 이름을 지어 준다. 그는 벌거벗고도 부끄러움을 모르고, 둘이 서로에게 속해 있다는 듯이 하나님과 이야기하며 교제하고, 들짐승과도 얘기하며 자신의 마법의 정원에서 멋지고도 즐겁게 살아간다. 그러다가 그는 마법 나무의 열매를 따먹고, 바로 그 순간 자신의 낙원을 잃어버린다. 세인들은 신화, 곧 아득하고 비밀스런 선사시대의 유치한 비현실적 그림을 말한다. 반면에 그리스도의 교회는 하나님의 말씀, 역사의 초기에 일어난 사건, 역사 이전에 일어난 사건, 역사 너머에서 일어난 사건, 역사 안에서 일어난 사건, 세계 결정, 당사자요 겨냥된 자die Gemeinten요 수신자요 피고요 기결수요 추방된 자인 **우리 자신**, 복 주시는 분이자 저주하시는 분인 **하나님 자신**, **우리의** 원역사Urgeschichte, 실로 우리 자신의 처음이자 모든 개체의 처음, 운명, 죄책, 종말을 말한다.

어째서 하나는 다른 하나를 희생하고 논하는가? 하나

님, 우리의 처음과 끝, 우리의 죄책에 관한 우리의 모든 담화가 사실들 자체를 말하는 것이 아니라 비유들에 지나지 않는다는 것을, 하나님이 우리의 전문적인 개념 그림들뿐만 아니라 저 옛 그림들을 통해서도 우리를 향해 손을 뻗으신다는 것을, 그분이 우리를 가르치셔야 우리가 영리하게 된다는 것을 어째서 이해하지 못하는가? 그러므로 이어지는 내용을 해석할 때 우리는 다음 사항을 중시해야 한다. 이를테면 마법 세계의 옛 그림 언어를 기술 세계의 새 그림 언어로 번역하되, 마법 세계와 기술 세계의 겨냥을 받는 자로서 열린 자세를 가지고, 당시에 마법 세계상의 인간을 두고 언급한 것을 우리에게 말하는 것으로 받아들이며 번역하는 것이다. 물론 우리는 그리스도의 출현으로 말미암아 그분을 기다리던 사람들과 구별된다. 하지만 우리는 희망 속에 있든 성취 속에 있든, 타락한 사람이든, 희망 속에서 혹은 성취 속에서 용서받은 사람이든 간에 오직 그리스도에 의해서만 살 수 있다는 점에서 그들과 **같은 사람**이기도 하다.

정원 한가운데 두 그루의 나무가 서 있다. 이 나무들은 저마다 독특한 이름을 가지고 있다. 두 나무를 인간의 현존과 독특하게 연결하는 이름이다. 생명나무와 선악을 알게 하는 나무. 두 번째 나무에는 그 열매를 따 먹지 말라는 금지령과, 따 먹으면 죽는다는 위협이 달려 있다. **생명, 앎, 죽음.** 이 자리에서는 이 세 가지를 연결하여 말하고자 한다. 이 관계를 파악하는 것이 중요하기 때문이다. 역사적으로 보건대, 생명나무 이야기와 선악을 알게 하는 나무 이야기는 애초에 출처가 달랐던 것 같다. 그러나 이것은 매우 불분명하다. 우리에게 중요한 것은 오늘날 그리스도의 교회 앞에 놓여 있는 것과 같은 본문이다.

생명나무. 문맥에서 유추할 수 있듯이, 사람이 이 나무의 열매를 먹는 것은 명확히 금지되지 않는다. 실로 이 나무는 사람이 선악을 알게 하는 나무의 열매를 따 먹고 죽음에 예속된 뒤에야 비로소 특별한 의미를 획득한다. 그러기 전의 생명은 문젯거리도 아니고, 추구할 만한 것도 아니고, 낚아챌 만한 것도 아니다. 생명은 그냥 존재할 뿐이고, 주어진 생명, 하나님 앞의 생명일 뿐이다. 이 구절에서 생명나무를 간단히 거명만 하는 것은 그 때문이다. **생명나무가 한가운데 있었다.** 이것이 유일하게 언급된 내용이다. 하나님으로부터 비롯된 생명이 한가운데 있다. 이는 생명을 선사하시는 하나님이 한가운데 계신다는 뜻이다. 아담이 마음대로 할 수 있는 세계, 그의 다스림을 받도록 주어진 세계 한가운데 있는 것은 그 자신이 아니라, 신적인 생명나무다. 아담의 생명은 한가운데에서 온다. 이 한가운데는 아담이 아니라 하나님이시다. 아담의 생명은 이 중심 주위를 끊임없이 돌기만 할 뿐, 이 현존의 중심을 소유하려 하지는 않는다. 이것이야말로 사람의 특색이다. 그의 생명은 자기 생명의 중심 주위를 끊임없이 도는 것이지, 그 중심을 점유하는 것이 아니다. 이 생명은 하나님만이 차지하시는 중심에서 유래한 것이기에, 사람이 선로에서 이탈하지 않는 한, 방해받지 않는다. 아담은 생명나무를 건드리거나, 한가운데 있는 신적인 나무를 모독하는 것이 금지되지 않았는데도 그러려고 하지 않는다. 금지되었어도, 그것을 이해하지 못했을 것이다. 그는 생명을 소유하고 있기 때문이다.

그러나 그는 이 생명을 다음과 같이 각별하게 소유한다. 첫째, 그는 생명을 실제로 소유하고 있(고 생명도 그를 소유하고 있)다. 둘째, 그는 창조주께 변함없이 한결같이 복종하면서 생명을 소유한다. 그는 생명의 중심에 기대어 살고, 생명의 중심을 근거로 삼아 살 뿐, 스스로 중심이 되어 살지 않음으로써 생명을 소유한다. 절대 변함없이 복종하고, 한결같이 복종하는 것, 즉 불복종한 적이 없고Unschuld, 불복종을 아예 모르는 것Unwissenheit, 이것이야말로 아담의 삶에서 드러나는 확실한 특징이다. 하나님이 사람에게 주신 생명은 사람의 성질, 사람의 특질이 아니라, 그의 전적인 사람다움 속에서만 그에게 주어지는 어떤 것이다. 그는 하나님으로부터, 하나님 **앞에서** 생명을 얻는다. 그는 생명을 얻되, 동물로서가 아니라 사람으로서 얻는다. 그는 자신의 복종, 자신의 결백, 자신의 무지 속에서 생명을 얻는다. 다시 말해 그는 자신의 자유 안에서 생명을 소유한다. 사람이 사는 것은 자유에 의거한 복종 속에서 이루어지는 일이다. 자신이 생명을 소유하고 있어서 생명나무를 직접 모독할 생각이 아담의 마음에 떠오르지 않았지만, 그럼에도 생명나무는 다른 쪽 때문에 간접적으로 해를 입을 수도 있었다. 좀 더 정확히 말하면 아담으로 하여금 변함없이 한결같이 복종하면서 생명을 소유하게 하는 자유 때문에, 곧 선악을 알게 하는 나무 때문에 해를 입을 수도 있었다. **어느 정도까지 그런가?**

선과 악을 알게 하는 나무도 생명나무처럼 정원 한가운데 서 있다. 그러나 그 나무와 관련된 지시 사항에는 하나님의 특별한 말씀, 더 정확히 말하면 그 열매를 따 먹지 말라는 금지령과, 사람이 이 명령을 어기면 곧바로 죽게 된다는 위협이 따라붙는다.

아담은 창조주께 변함없이 복종하며 사는 사람인데, 무엇이 죽음이고, 무엇이 선이고, 무엇이 악인지, 도대체 그 금지령이 무엇인지를 어찌 파악하겠는가? 이 모든 것은 그에게 공허한 말에 불과하지 않을까? 확실히 아담은 죽음이 무엇이고, 무엇이 선하고 악한지를 알지 못한다. 하지만 아담은 이 말씀들을 들으면서, 하나님이 그를 마주 대하시며 그의 한계를 알려 주고 계신다고 이해한다. 우리는 다음과 같은 물음을 던질 수 있다. 선과 악을 알지 못하는 아담, 곧 무죄하고 무지한 사람은 어떻게 자신을 겨냥한 하나님의 말씀을 금지령으로 이해하는가? 그 금지령에는 두 가지가 담겨 있었다. 하나는 아담의 사람다움Menschsein, 곧 그의 자유("~를 위한" 자유와 "~로부터의" 자유)를 암시하는 내용이다. 아담, 곧 사람은 자신의 사람다움을 향해 하나님이 말을 거시는 것으로 이해한다. 다른 하나는 자유로운 존재로 불리는 이 사람에게 그의 한계, 곧 그의 피조성을 알리는 내용이다. 하나님이 아담의 사람다움과 그의 피조성에 유념하여 그에게 금지령으로 말을 거시자, 아담은 그 금지령에 의해 그러한 존재로 고정된다. 이것은 다음의 사실을 의미한다. "아담아, 너는 나, 곧 네 창조주로부터 유래한 몸이니, 그러한 존재가 되어라. 너는 자유로운 몸이니, 자유로운 존재가 되어라. 너는 피조물이니, 피조물이 되어라." "~가 되라"는 이 표현은 ("~이니"라는) 첫 번째 표현 이외의 두 번째 표현이 아니다. 그것은 이미 첫 번째 표현 안에 주어져 있다. 그것은 첫 번째 표현을 통해 보장된다. 하나님이 아담의 사람다움을 염두에 두고 그에게 말을 거시자마자, 아담은 하나님으로부터 그것을 받는다.

이 기묘한 융합Ineinander, 엄밀히 말하면 자유와 피조성의 융합은 이제 성서의 그림 언어로 표현된다. 선과 악을 알게 하는 나무, 사람의 한계를 가리키는 금단의 나무가 한가운데 서 있다. **사람의 한계는 그의 현존 한가운데 있는 것**이지 가장자리에 있는 것이 아니다. 사람의 가장자리에 있는 한계가 그의 자질의 한계, 그의 기술의 한계, 그의 능력의 한계라면, 한가운데 자리한 한계는 그의 **실재**Wirklichkeit의 한계, 그의 **전형적 현존**의 한계다. 가장자리에 있는 한계를 인식하면 내적 무제한의 가능성이 주어지지만, 한가운데 자리한 한계를 인식하면 현존 전체, 곧 인간 존재의 가능한 모든 태도가 제한된다. 한계—선과 악을 알게 하는 나무—가 있는 곳에는 생명나무, 곧 생명을 주시는 하나님도 계신다. **그분은 우리 현존의 한계이면서 동시에 중심이시다.** 이것을 아담은 알고 있다. 그러나 그가 그것을 알고 있는 이유는, 그것이 중심으로부터 와서 중심을 향해 나아가는 자신의 존재, 곧 자신의 피조성과 자신의 자유를 표현하는 것에 지나지 않기 때문이다. 아담의 앎은 하나님을 위한 그의 자유 안에, 하나님에 대한 그의 변함없는 복종 속에 묻혀 있다. 그의 앎은 **피조물의 자유에서 비롯되는 앎, 생명 속에 있는 앎, 무지 속에 있는 앎**이다. 그런 까닭에 아담은 악을 알거나 사고하지 못하고, 죽음 역시 알거나 사고하지 못한다. 하지만 그는 하나님을 알기에 자신의 한계를 안다. 그는 그 한계를 알되, 넘어서는 안 되는 것으로 안다. 그렇지 않다면 그는 악을 알았을 것이다. 오히려 그는 자신의 한계를 자신의 피조성과 자유에 주어진 은총으로 이해한다. 그는 자신의 생명도 자신의 한계를 통해서만 가능한 것으로 이해한다. 그가 사는 것은 한가운데 자리한 이 한계 때문이다. 그러므로 그는 이 금지령과 죽음의 위협을 또 하나의 선물, 곧 하나님의 은총으로만 여긴다. 한계는 은총이다. 한계는 피조성과 자유의 토대이기 때문이다. 한계는 중심이다. 은총은 사람을 붙잡아 비非-존재, 비-생명, 비-피조성의 심연으로 떨어지지 않게 한다. 그런 이유로 아담은 무無의 성질을 띠는 이 모든 것을 하나님이 주시는 은총의 형태로만 여긴다. 이제까지 상술한 곳에는 금지령을 달리 이해할 가능성, 가령 시험으로 이해할 가능성이 한 마디도 암시되어 있지 않다. 낙원의 **금지령**은 창조주께서 피조물에게 베푸시는 은총이다. 하나님은 누구도 시험하지 않으신다. **선과 악**을 알게 하는 나무가 무엇인지는 창조주만이 아시고, 아담은 아직 알지 못한다. 그는 한결같이 복종하며 사는 까닭에 두 마음을 품을 줄 모른다. 그는 처음부터 끝까지 하나님을 자기 생명의 중심이자 한계로 아는 까닭에 앎을 선을 아는 것과 악을 아는 것으로 가를 줄도 모른다. 아담은 무엇이 선하고 무엇이 악한지도 모른다. 그는 가장 엄밀한 의미에서 **선악 너머에서** 산다. 더 정확히 말하자면, 그는 하나님으로부터 오는 생명으로 산다. 하나님 보시기에는 선 안에 있는 생명이나 악 안에 있는 생명이나 똑같이 엄청난 배반을 의미할 것이다. 여기서 선과 악으로 번역된 "토브tob"와 "라ra"는, 우리가 전문용어로 사용하는 선과 악보다 훨씬 광범위한 의미를 지니고 있다. tob와 ra는 대개 인간 세계 안에서 발생하는 궁극적 갈등을 이야기한다. 이 갈등은 도덕적 갈등의 배후를 근거지로 삼는다. 따라서 tob는 "즐거운lustvoll"을 의미하고, ra는 "괴로운leidvoll"을 의미할 것이다.한 스 슈미트 tob와 ra는 인간의 삶이 모든 방면에서 가장 심하게 갈라지는 것을 가리키는 개념이다. 대체로 이 단어들은 쌍으로 등장하며, 분열 상태에도 불구하고 떼려야 뗄 수 없게 짝을 이룬다. tob/즐거움/선/아름다움은 처음부터 ra/괴로움/악/저속함/가짜 속에 잠기지 않고는 존재할 수 없다. 넓은 의미에서 괴로움/악은, 괴로움을 철저히 괴로움으로 만드는 즐거움이 조금이라도 없으면 존재할 수 없다. 우리에게 tob(선)는 언제나 악에서 떨어져 나온 것, 악을 뚫고 나온 것, 악에서 생겨나고 산출되고 태어난 것일 뿐이다. 즐거움(선)의 광채는 악이 그 출처이거나, 아마도 악의 극복이 그 출처일 것이다. 그러나 이것은 마치 어린이가 어머니의 품을 극복하는 것과 같다. 바꾸어 말하자면, 이것은 선이 자신의 출처인 거대한 악에 의해 고상해지는 것과 같다. 우리에게는 이그나티우스가 프란체스코보다 "더 위대해" 보이고, 아우구스티누스가 모니카(아우구스티누스의 어머니—옮긴이)보다 더 위대해 보이며, 하겐("니벨룽겐의 노래"에서 지크프리트를 살해한 자—옮긴이)이 지크프리트보다 더 위대해 보인다.

그러나 이와 마찬가지로 "악"도 자신의 출처인 선을 통해 고상해진다. 괴로움도 즐거움을 통해 고상해진다. 괴로움은 즐거움의 밑바닥에서만 가능해지기 때문이다. 실제적인 악도 선의 광채를 완전히 결여하지는 않는다. 우리에게 절대악은 존재하지 않는다. 사람에게 절대적 괴로움은 있을 수 없다. 선을 통해 고상해지지 않는 절대 악, 곧 저속함 자체가 구체화하면, 사람은 제 인간성을 상실할 것이고, 그러면 우리는 그가 병들었다고 말하게 될 것이다. 절대적 괴로움이 사람을 사로잡아, 그 속에 있는 즐거움이 싹 사라지고 만다면, 그는 소위 우울증이라는 정신병에 걸릴 것이고, 그러면 그는 더 이상 사람이라고 할 수 없을 것이다. 건강한 사람이 괴로운 일에 처하면 즐거운 일이 그를 부축하여 살리고, 그가 즐거운 일에 처하면 괴로운 일이 그의 마음을 들쑤신다. 그가 좋은 일에 처하면 나쁜 일이 그의 마음을 들쑤시고, 그가 나쁜 일에 처하면 좋은 일이 그의 마음을 들쑤신다. 건강한 사람은 갈등 가운데 있는 자다.

지혜의 나무의 열매를 따 먹은 자는 **우리**이지 아담이 아니다. 그러나 지혜의 나무에 관한 성서 진술의 내용을 온전히 이해하려면, 질문을 더 던져야 한다. "그것을 먹는 날에는, 너는 반드시 죽는다." 지혜의 나무는 **죽음의 나무**다. 이 나무는 생명나무 바로 옆에 서 있다. 그리고 **이 나무를 통해서만 생명나무는 해를 입게 된다.** 두 나무는 아직 손대지 않은, 누구도 손대서는 안 될 한계이자 중심이다. 생명을 향해 손을 뻗는 자는 반드시 죽는다. "누구든지 자기 목숨을 구하고자 하는 사람은 잃을 것이다."(마 16:25, 눅 9:24 참조—옮긴이) 그러나 생명을 향해 손을 뻗는 자는 이미 그것을 잃어버린 사람일 것이다. 선과 악을 알게 되어 갈등 속에서 살아가는 사람도 이미 생명을 잃어버린 자다. 어째서 그는 생명을 잃어버렸는가? 앞서 말한 대로, 즐거움(선)은 괴로움(악) 안에 잠겨 있고, 그 역도 마찬가지이기 때문이다. 그러면 즐거움 속의 괴로움이란 무엇인가? 사람이 온갖 즐거움 속에서 영원을 바람에도 불구하고 그 즐거움의 덧없음과 최후를 알게 되는 것이다. 선행先行 인식에서 비롯되어 모든 즐거운 일에 적용되는 것은 지식이 아니다. 즐거움 속의 괴로움은 우리가 즐거움을 염탐하려고 할 때 우리에게 즐거움의 밑바닥을 알려 준다. 영원을 갈망하고, 영원을 추구하는 이유는 즐거움이 영원하지 않고 죽음에 귀속되기 때문이다. 우리는 역으로 다음과 같이 물을 수도 있다. 괴로움 속의 즐거움이란 무엇인가? 사람이 괴로움의 밑바닥에서 느끼는 덧없는 것의 즐거움, 끝없는 것처럼 보이는 괴로움이 소멸할 때 느끼는 즐거움, 죽을 때 느끼는 즐거움이다.

　　선 속의 악은 무엇인가? 선이 소멸하는 것이다. 악 속의 선은 무엇인가? 악이 소멸하는 것이다. 세계와 사람이 tob와 ra로 갈라지고 찢어지는 것은 무엇인가? 그것은 사람의 즐거운 죽음과 괴로운 죽음이다. 사람은 tob와 ra를 아는 순간 자신의 죽음을 알게 된다. tob와 ra를 아는 것 자체가 곧 그의 죽음이다. 사람은 자신의 선 안에서 죽기도 하고 자신의 악 안에서 죽기도 한다. 덧없는 것으로서의 죽음은 하나님으로부터 오는 죽음이 아니다. 죽은 것 같은 상태Totsein는 무엇을 의미하는가? 그것은 피조성의 파기가 아니다. 그것은 더는 하나님 앞에서 살지 못하게 되었지만 그럼에도 그분 앞에서 살아야 한다는 뜻이다. 그것은 존재하지 않는 자로서가 아니라 추방당한 자, 타락한 자, 저주받은 자로서 하나님 앞에 서는 것을 의미한다. 바꾸어 말하면 그것은 하나님으로부터 생명을 더는 은총—자기 현존의 중심과 한계로부터 오는 은총—으로 받지 못하고, 계명—나를 저지하고 불 칼을 세워 모든 귀환을 허락하지 않는 계명—으로 받는 것을 의미한다. 이런 의미에서 죽은 것 같은 상태는 생명을 선물이 아닌 **계명**으로 받는 것을 의미한다. 누구도 이 계명을 피할 수 없다. 스스로 죽음을 선택하더라도 그것을 피할 수 없다. 스스로 죽음을 선택할 때에도, 죽은 것 같은 상태 자체는 생명의 계명 아래 놓이게 된다. **죽은 것 같은 상태는 존속해야 한다는 뜻이다.** 이것은 우리의 자연스러운 사고를 방해한다. 죽은 것 같은 상태는 해방도 아니고, 구원도 아니며, 마지막 도피 가능성도 아니다. 죽음으로 도피하는 것은 생명의 가장 무시무시한 고역苦役으로 도피하는 것이다. 계명인 생명의 불가피성, 바로 이것이 죽음의 인식이다.

나는 생명의 계명이 나에게 요구하는 것을 이행하지 못한다. 스스로 제 힘으로 살아야 하는데, 그러지 못하는 것. 바로 이것이 tob와 ra를 아는 사람에게 지워진 계명이다. 그는 제 힘으로 살아야 하는 까닭에 그대로 하지만 성공하지는 못한다. **그는 그대로 하면서** 자신의 내적 갈등에 기대어 살고, 악에서 나온 선과 함께 살거나 선에서 나온 악과 함께 살고, 즐거움에서 괴로움의 힘을 얻거나, 괴로움에서 즐거움의 힘을 얻는다. 그는 원 안에서 산다. 그는 제 힘으로 **산다.** 그는 혼자다. 하지만 **그는 성공하지는 못한다.** 살기는커녕, 그렇게 살다가 죽기 때문이고, 그가 살**아야 한다**는 것, 달리 말해 그가 제 힘으로 삶을 완수**해야 한다**는 것, 바로 이것이 (인식의 근거이자 실제적 근거로서!) 그의 죽음이기 때문이다. 인간은 요구로 다가오는 하나님의 계명을 마주하여 자기 자신을 의지하며 살아야 한다. 이제 사람은 제 힘으로만, 선악을 아는 제 지식으로만 살고, 그러다가 죽는다.

그러나 이제 자명하게도, 죽음의 나무가 영향을 미치자마자 생명나무가 위험에 처하게 된다. 어째서 금지령이 죽음의 나무에 연결되고 생명나무에 연결되지 않았는지가 이해되고, 역으로 어째서 금지령과 연결된 나무가 죽음의 나무여야 하는지도 이해된다. 하지만 다음 한 가지는, 좀 더 정확히 말하자면 우리에게 분열의 세계를 안겨 준 이 행동이 어떻게 일어났는지는 여전히 불가해하다. tob와 ra로 갈라진 세계를 아는 지식은 죽음 속에만 존재한다. 그리고 아담은 그 세계에 대해 조금도 알지 못한다. 그 세계는 선악을 알게 하는 나무의 매혹적인 열매 속에 숨겨져 있어서 그에게 보이지 않는다. 그가 아는 것은, 자기 한계의 비밀, 자기 생명의 비밀을 하나님이 맡아서 관리하신다는 것뿐이다.

그러나 우리는 이 자리에서 다음의 사실을 기억해야 한다. 이를테면 여기서 중요한 것은 우리와 다소 무관해 보이는 어떤 원시인에 관한 이야기가 아니라는 것이다. 여기서 본질적인 우리의 과제는 우리의 상상력을 발휘하여 tob와 ra 너머에 있는 이 동화의 나라로 들어가는 것이다. 이러한 상상력 발휘는 우리 자신의 상황을 무시하는 행위, 엄밀히 말해서 분열의 세계에서나 가능한 행위, 그래서 우리가 어떻게 해서든 우리 자신에게서 벗어날 수 있다고 생각하는 행위일 수도 있다. 하지만 우리는 다음의 사실을 아는 것이 중요하다. 이를테면 우리는 상상력을 갖춘 청자聽者로서가 아니라 인간으로서이 이야기에 마음을 빼앗긴다는 것이다. 우리는 자신의 상상력과 여타의 모든 정신력을 제아무리 발휘해도 "선악을 넘어선" 이 낙원, "즐거움과 괴로움을 넘어선" 이 낙원으로 들어가지 못하고, 사고조차도 모순에 기초한 우리 존재, 우리 실존의 표현에 불과하기에, 무엇을 사고하든 분열된 세계, 대립, 모순에 사로잡히는 인간으로서 이 이야기에 마음을 빼앗긴다. 우리의 사고가 분열되는 까닭은, 우리의 현존이 한결같지 않기 때문이다. 그러나 아담은 이러한 불가능성을 인정하거나, 우리의 선 개념에 기대어 성서가 말하는 선을 평가하거나, 선악 너머에 대한 성서적 진술을 비판하는 자로 다가오지 않고, 우리를 불안하게 하는 자, 우리를 비판하는 자로 다가온다. 그이유는 아담 역시 우리와 같은 사람이고, 그의 이야기가 곧 우리 이야기이기 때문이다. 물론 한 가지 결정적인 차이가 있는데, 그것은 아담의 이야기가 끝나는 곳에서 우리의 이야기가 시작된다는 것이다. 아담의 이야기가 뱀을 통한 이야기라면, 우리의 이야기는 그리스도를 통한 이야기이다. 그러나 우리는 우리의 상상력에 의거해서가 아니라 새로운 중심이신 그리스도에 의거하여 태초를 알 수 있다. 그리스도를 통해서만 살고 그리스도를 통한 이야기를 소유하는 자로서, 믿음 안에서 선악을 아는 지식으로부터, 곧 죽음으로부터 해방된 자로서, 믿음 안에서만 아담의 초상을 자기 것으로 삼는 자로서.

2:18-25   타인의 힘

하나님이 말씀하셨다. "남자가 혼자 있는 것이 좋지 않으니, 그를 돕는 사람, 곧 그에게 알맞은 짝을 만들어 주겠다." 주 하나님이 들의 모든 짐승과 공중의 모든 새를 흙으로 빚어서 만드시고, 그 사람에게로 이끌고 오셔서, 그 사람이 그것들을 무엇이라고 하는지를 보셨다. 그 사람이 살아 있는 동물 하나하나를 이르는 것이 그대로 동물들의 이름이 되었다. 그 사람이 모든 집짐승과 공중의 새와 들의 모든 짐승에게 이름을 붙여 주었다. 그러나 그 남자를 돕는 사람, 곧 그의 짝이 없었다. 그래서 주 하나님이 그 남자를 깊이 잠들게 하셨다. 그가 잠든 사이에, 주 하나님이 그 남자의 갈빗대 하나를 뽑고, 그 자리는 살로 메우셨다. 주 하나님이 남자에게서 뽑아 낸 갈빗대로 여자를 만드시고, 여자를 남자에게로 데리고 오셨다. 그때에 그 남자가 말하였다. "이제야 나타났구나, 이 사람! 뼈도 나의 뼈, 살도 나의 살, 남자에게서 나왔으니 여자라고 부를 것이다." 그러므로 남자는 아버지와 어머니를 떠나, 아내와 결합하여 한 몸을 이루는 것이다. 남자와 그 아내가 둘 다 벌거벗고 있었으나, 부끄러워하지 않았다.

관련이 없어 보이는데도 바로 여기서 여자의 기원이 언급되고 있다. 그리고 여자가 하나님의 금지령을 듣지 못했다는 말은 이야기의 기능상 확실히 틀린 말이다. 모종의 내적 의미가 이 상황에 부합하지 않기 때문이다. 그렇지만 보도는 바로 이 지점에서 특별한 의미를 지닌다. 우리는 다음의 사실을 유념하고 있다. 이를테면 생명나무가 먼저 언급되지만, 아직은 희구되지 않는 나무, 금지령이 붙지 않은 나무로, 그럼에도 **결국 그 열매에 모든 관심이 쏠리는 나무**로 언급된다는 것이다. 우리가 살펴본 대로, 생명나무는 먼저 선악을 알게 하는 나무로 인해 위험에 처하게 된다. 그리고 이제 일련의 구절이 이어지면서 그 위험을 가중시키고 차츰 고조시킨다. 선악을 알게 하는 나무 이야기의 뒤를 이어 여자 창조 이야기가 등장하고, 마침내 선악을 알게 하는 나무와 생명나무를 향해 손을 뻗게 한 뱀 이야기가 등장한다. 작가는 너무나 심오해서 상상만 할 수 있는 모든 것을 동원하여 이 불가해한 범행을 설명한다. 좀 더 정확히 말하면 작가는 불가해한 것을 눈여겨보고 명료화하여 문맥에 끌어들인다. 여기서 작가가 여자 창조를 타락 이전 역사에 미리 배치하고 있음은 분명한 사실이다.

"남자가 혼자 있는 것이 좋지 않으니, 그를 돕는 사람, 곧 그에게 알맞은 짝을 만들어 주겠다."

　　첫 사람은 홀몸이다. 그리스도도 홀몸이었다. 우리도 홀몸이다. 모든 사람은 저마다 홀몸이다. 아담은 홀몸으로 타인을 기다리고, 타인과의 교제를 고대한다. 그리스도가 홀몸이신 이유는, 그분이 홀몸으로 다른 사람들을 사랑하시고, 인류로 하여금 그들의 창조주에게로 되돌아가게 한 길이기 때문이다. 우리가 홀몸인 이유는, 우리가 타인을 우리에게서 밀어내고 미워했기 때문이다. 아담은 홀몸으로 희망 속에 있었고, 그리스도는 홀몸으로 신성의 충만함 속에 계셨으며, 우리는 홀몸으로 악 속에, 절망 속에 있다.

하나님은 아담에게 짝, 곧 돕는 사람을 만들어 주셨다. 아담이 혼자 있는 것이 좋지 않았기 때문이다. 하나님의 보호를 받으며 사는 사람에게 짝이 필요한 것은 무엇 때문인가? 이 이야기를 문맥 속에서 되풀이해 숙고하는 사람에게만 답은 열린다. 이전에는 성서에서 사람의 짝, 사람을 돕는 이는 하나님 자신뿐이다. 그러므로 여기서 여자를 **짝으로** 언급한 것은 대단히 이례적인 일이라고 할 수 있다. 이것은 서술에서도 분명해진다. 하나님은 먼저 사람의 재료였던 흙으로 동물을 빚어서 만드신다. 성서에 따르면 사람과 동물은 같은 몸을 가지고 있다. 어쩌면 사람은 이 형제자매들이 동물이긴 하지만 자신과 기원이 같은 까닭에 그들 가운데서 짝을 찾을지도 모르는 일이었다. 여기서 특이한 것은 동물이 자신의 짝이 될 수 있는지 없는지를 사람이 스스로 알아야 한다는 것이다. 그가 자기 앞에 이끌려 온 피조물 가운데 하나를 자기 짝이라고 부르면, 그 피조물이 그의 짝이 될 터였다. 영리한 아담은 자리에 앉아서 즉석에서 모든 동물의 이름을 부르며 그들, 곧 자기처럼 흙에서 유래한 형제 같은 동물의 세계가 자기 옆을 지나가게 한다. 그가 아끼는 이 형제자매가 그의 기대를 채워 주지 못하고, 그에게 낯선 세계로 머물고, 형제 관계에도 불구하고 그에게 복종하는 피조물, 그의 명명을 받는 피조물, 그의 다스림을 받는 피조물로 머무르자, 그는 난생 처음 고통을 겪는다. 그는 여전히 홀몸이다. 내가 알기로는 종교들의 이야기 가운데서 동물을 이처럼 의미심장하게 관련지어 언급하는 곳은 없는 것 같다. 하나님은 자신도 돕는 이이면서 사람에게 다른 피조물의 형태로 돕는 이를 만들어 주시려고 하신다. 그러고는 먼저 동물을 지으신다. 동물은 명명되어 동물의 자리에 놓인다. 아담은 여전히 홀몸이다. 땅의 흙에서 온 것이 그에게는 낯설었던 것이다. 이제 특이한 일이 일어난다. 아담이 깊은 잠에 빠지고 만 것이다. 하나님은 깨어 있는 사람이 할 수도 없고 알 수도 없는 일을 잠든 사람에게 행하신다. 사실상 아담은 무슨 일이 일어났는지를 알지 못한다. 하지만 하나님이 그 자신을 필요로 하셨으며, 그가 잠자는 동안 그의 몸의 일부를 취하셔서 또 하나의 몸을 지으셨다는 사실만은 알고 있다. 아담은 여자를 알아보고 환호성을 지른다. "이제야 나타났구나, 이 사람! 뼈도 나의 뼈, 살도 나의 살, 남자에게서 나왔으니 여자라고 부를 것이다." 아담은 하나님이 그의 도움을 받아 그의 살로 지으신 이 피조물의 독특함을 알아보되, 자신이 다른 사람에게 한 일을 하나님의 선물로 이해한다. 하와가 자신에게서 유래했는데도, 아담은 그 사실을 자랑거리로 삼지 않고, 각별한 감사의 이유로 삼는다. 그는 그 사실에서 자신의 청구권을 도출하지 않고, 자신에게서 유래한 이 하와와 자신이 전혀 새로운 방식으로 연결되어 있음을 알아챈다. 이 연결을 가장 잘 표현해 본다면 아마도 다음과 같을 것이다. 아담은 이제 그녀의 일부다. 그녀가 그의 일부이기 때문이다. 그들은 상대방이 없으면 살지 못한다. 그들은 하나이면서 둘이다. 둘의 하나됨은 아담이 잠들었을 때 하나님이 자신의 행위를 통해 기초를 놓으신 신비 그 자체다. 그들은 기원을 토대로 하나가 되고, 하나됨 속에서만 다시 기원으로 돌아간다. 그러나 이 하나됨은 결코 둘의 합병도 아니고, 둘이 저마다 개체로서의 피조성을 지양하는 것도 아니다. 오히려 이 하나됨은 상호 차이에 기초한 상호 소속을 현실화할 수 있는 궁극적 가능성이다.

하와는 어떤 점에서 아담의 "짝"인가? 전체 문맥상 여자가 남자의 짝이 되어, 남자에게 부과된 한계를 짊어진다는

사실 이외의 것은 중요하지 않다. 이것은 무슨 뜻인가? 아담
은 홀몸이었다. 그는 금지령 속에서—우리가 살펴본 대로—
자신의 사람다움, 자신의 자유, 자신의 피조성을 고지받았다.
이것들이 그의 차지가 된 것은, 그가 변함없는 복종 속에서 그
것들을 받았기 때문이다. 그것들은 그가 날마다 자신의 창조
주와 대화하면서 받은 것들이다. 그는 자신의 한계를 인식하
되 긍정적인 의미로만 그리했다. 그는 한계 위반을 상상조차
할 수 없는 일로 여겼던 것이다. 그는 이 한계 안에서 생명을
얻었지만, 이 생명은 그가 자신의 한계 안에서 사랑할 수 있는
것이 아니었다. 오히려 사랑과 미움 사이에서 순전히 믿고 바
라보면서 받는 하나님의 선물이 그의 생명이었다. 이것이야
말로 그를 지으신 창조주의 측량할 수 없는 자비가 아닐 수 없
다. 그분은 피조물이면서도 자유로운 이 생명이 한계 안에서
만 지지와 사랑을 받는다는 것을 아신다. 그분이 사람에게 짝
을 만들어 주시는 것은 그 때문이다. 그 짝은 아담의 한계를
육화한 것이면서 동시에 아담이 사랑하는 대상이어야 했다.
게다가 여자에 대한 사랑이 (가장 본질적인 의미에서) 아담 자신
의 생명이어야 했다. **한계**와 **생명**, 곧 건드릴 수도 없고 접근

할 수도 없는 낙원의 중심—아담의 생명이 맴도는 중심—이 **구체화되어**, 창조주 하나님의 손길에 의해 아담의 짝이 된다. 타자를 하나님의 피조물로, 전적 타자로, 내 곁에 서서 나를 제한하는 자로 인식하는 것, 타자가 나, 곧 나의 생명에서 유래했음을 아는 것, 타자가 나의 일부이기에 그를 사랑하고 그의 사랑을 받는 것, 이것은 아담에게 한계의 육체적 현재화나 다름없다. 이를 통해 아담은 자신의 한계를 좀 더 가볍게 짊어진다. 바꾸어 말하면 그는 사람에 대한 사랑 안에서 자신의 한계를 짊어진다. 타인은 하나님이 나에게 정해 주신 한계, 내가 사랑하되, 내 사랑 때문에 범해선 안 될 한계다. 이것이 의미하는 바는 양자, 곧 **두** 존재가 하나님의 피조물로서 **한** 몸이 된다는 것이다. 달리 말해 사랑 안에서 서로의 일부가 된다는 것이다. 타인의 창조로 자유와 피조성이 사랑 안에서 결합된다. 그런 까닭에 타인은 첫 사람에게 또 하나의 은총이다. 이는 선악을 알게 하는 나무의 열매를 따 먹지 말라는 금지령이 은총이었던 것과 같다. 최초의 두 사람이 한계를 함께 짊어지는 것, 곧 연합 속에서 이 연합이 교회로서 갖는 성격이 드러난다. 그러나 이로써 다음 한 가지가 이미 확실해진다. 이를테면 타자에 대한 사랑이 파괴되는 곳에서는 사람이 자신의 한계마저 증오할 수 있고, 타자를 한없이 소유하려 하거나, 한없이 파괴하려 한다는 것이다. 왜냐하면 그가 자신의 기여도, 자신의 청구권, 타자가 자신에게서 비롯되었음을 주장하고, 이제껏 겸손한 자세로 받았던 것을 자랑과 반란의 계기로 삼기 때문이다. 우리의 한계를 짊어질 수 있도록, 다시 말해 하나님 앞에서 살 수 있도록 우리를 돕고, 연합 속에서 하나님을 마주하며 살 수 있도록 우리와 함께하는 우리의 짝인 타인의 은총, 이 은총이 저주로 변하고, 타인은 하나님에 대한 우리의 증오를 점점 격화시키는 자, 우리를 하나님 앞에서 더는 살 수 없게 하는 자, 우리에게 거듭 재판관 역할을 하는 자가 되어 버린다. 여기서 결혼과 연합은 또 하나의 새로운 의미를 획득한다. 나를 하나님 앞에서 살게 하던 타인의 힘die Kraft des anderen이 이제는 나를 하나님 앞에서 죽게 하는 전적 타자의 힘die Kraft des Anderen이 되고, 생명의 힘이 파괴의 힘이 되며, 연합의 힘이 고립의 힘이 되고, 사랑의 힘이 증오의 힘이 되고 마는 것이다.

그러므로 남자는 아버지와 어머니를 떠나, 아내와 결합하여 한 몸을 이루는 것이다.

혹자는 화자話者가 여기서 난관에 봉착한 것 같다고 말할지도 모르겠다. 아버지와 어머니를 전혀 모르는 아담이 어찌 그런 말을 할 수 있겠냐는 것이다. 또한 혹자는 이것은 "화자의 교훈"이라고 말하거나 이와 유사하게 숙고할지도 모르겠다. 사실에 입각해서 보면, 여기서 근본적인 인식이 드러난다. 이제껏 배후에 자리하고 있다가 무심코 튀어나오는 인식이다. 이를테면 그렇게 말하는 아담은 우리 자신이며, 우리야말로 아버지와 어머니를 두고 있고, 남녀의 사랑 속에서 이루어지는 상호 소속의 독특함을 알고 있으며, 죄를 지어 이 지식을 변질시키고 파괴하는 자들이라는 것이다. 이 문장은 세속질서, 곧 부모에 매인 상태에서 벗어나는 것을 정당화하는 것이 아니라, 상호 소속의 심오함과 진지함을 서술하는 궁극적 가능성이다. 그러나 이 궁극적 상호 소속은 명백히 인간의 성교와 관련된 것으로 보인다. 분명한 것은 이것이 두 실태의 표현, 곧 개별 존재의 표현이자, 타자와 하나됨의 표현이라는 것이다. 성교는 최종적으로 가능한 상호 소속의 실현이다. 여기

서 성교는 독자적 생명, 자기의 목적에서 벗어난 생명을 갖지
않는다. 남편과 아내의 연합은 하나님으로부터 받은 것으로
서 하나님을 창조주로 찬미하고 경배하는 사랑의 연합이다.
그런 까닭에 그것은 교회의 원초적 형태라고 할 수 있다. 그
리고 그것은 교회이기에 영원히 고정된 연합이다. 이와 같은
진술들은 우리의 결혼을 예찬하는 것이 아니라, 남편과 아내
의 연대가 이 명백한 사실 속에 있지 않음을, 교회의 모든 예
식 집례 가운데서 결혼 집례가 가장 수상쩍은 것임을 암시한
다. 성생활 때문에 완전히 분열되어 병적 욕망이 된다면, 자기
자신만 하나님의 피조물로 인정하고 타자는 하나님의 피조물
로 인정하지 않는다면, 그런 사랑의 연합은 한 사람이 다른 사
람에 대한 자신의 지분, 다른 사람 안에 있는 자신의 갈빗대,
자신으로부터 다른 사람이 유래했음을 주장하는 것에 기대는
연합이다. 그런 연합은, 창조주를 찬미하여, 창조주로 하여금
아무것도 모른 채 잠자는 인간, 곧 아담과 하와에게 창조의 일
을 수행하도록 하기는커녕 도리어 황홀 상태에서 깨어나 창
조력과 창조주의 영광을 제 것으로 취하고, 차츰 자기 자아를
본능적으로 알고, 임신과 출산을 자기 능력에 의해 이루어지

는 것으로 아는 것에 지나지 않는다. 물론 이처럼 심각한 근원 파괴에도 불구하고, 남편과 아내의 연합이 가장 본질적인 의미에서 교회가 될 운명을 짊어지고 있다는 사실은 파기되지 않는다. "우리는 그리스도의 몸의 지체입니다. 그러므로 사람이 부모를 떠나 자기 아내와 연합하여 그 둘이 한 몸이 되는 것입니다. 이 비밀은 큽니다. 나는 그리스도의 교회를 두고 이 말을 합니다."엡 5:30-32

남자와 그 아내가 둘 다 벌거벗고 있었으나, 부끄러워하지 않았다.

부끄러움이 존재하는 것은 인간의 분열, 세계 일반의 분열, 인간 자신의 분열을 알기 때문이다. 부끄러움은 타자를 더는 하나님의 선물로 받아들이지 않으면서도 타자를 병적으로 갈망하는 것을 가리키는 표현이다. 또한 그것은 타자를 나의 일부가 되는 것에 만족하지 않는 사람, 타자를 나에게 무언가를 바라는 사람으로 아는 것이기도 하다. 부끄러움은 나의 악과 타자의 악 때문에, 곧 둘 사이에 끼어든 분열 때문에 타자 앞에서 내 자신을 감추는 것이다. 타자를 하나님이 주신 짝으로 받아들이는 사람은 자신이 타자에게서 유래했다는 사실에, 타자를 목표로 이해하고 그의 일부가 된 것에 만족하게 마련이다. 그럴 때 사람은 부끄러워하지 않는다. 한 몸이 되어 서로 변함없이 복종하는 이들은 서로의 앞에서 벌거벗고, 아무것도 감추지 않고, 몸과 영혼을 다 드러내면서도 부끄러워하지 않는다. 분열의 세계에서만 부끄러움은 생겨난다. 생명의 원초적 낱말인 앎과 죽음과 성, 이 셋의 관계는 이 자리에서 중점적으로 다룬 내용이자, 이어지는 자리에서도 다룰 내용이다.

창세기

3장

3:1-3   **독실한 체하는 물음**

뱀은, 주 하나님이 만드신 모든 들짐승 가운데서 가장 간교하였다. 뱀이 여자에게 물었다. "하나님이 정말로 너희에게, 동산 안에 있는 모든 나무의 열매를 먹지 말라고 말씀하셨느냐?" 여자가 뱀에게 대답하였다. "우리는 동산 안에 있는 나무의 열매를 먹을 수 있다. 그러나 하나님은, 동산 한가운데 있는 나무의 열매는, 먹지도 말고 만지지도 말라고 하셨다. 어기면 우리가 죽는다고 하셨다."

선악을 알게 하는 나무의 열매를 따 먹지 말라는 금지령, 하와의 창조, 그리고 뱀. 이것은 문맥 안에서 이해하지 않으면 안 되는 대열이다. 이 대열은 다 같이 생명나무에 손대려 하고,

다 같이 창조주 하나님으로부터 유래했으면서 이상하게도 사람과 공동전선을 형성하여 창조주에 맞선다. 아담이 은혜로 알아들었던 금지령은 율법이 되어 사람과 하나님에게 분노를 야기하고, 사람의 짝으로서 출산력을 갖추도록 지어진 여자는 꾀는 자가 되고, 하나님의 피조물 뱀은 여타의 피조물 가운데서 직접 악의 도구가 된다. 이런 일이 일어나다니 어찌된 것인가? 성서는 이 물음에 정확하게 답하지 않는다. 어쨌든 명백하게 직접적으로 답하지 않고, 기이하게도 간접적으로 답한다. 누군가가 악마를 거명하면서 하나님의 원수인 그가 이모든 것을 야기했다고 주장한다면, 이것은 성서의 보도를 조야한 것으로 만들어 왜곡하는 셈이 될 것이다. 성서는 특정한 이유들로 인해 그것을 말하지 않는다. 누군가가 선한 자가 될수도 있고 악한 자가 될 수도 있는 인간의 자유를 거론하면서 인간이 자유를 그릇된 방식으로 행사한 것이라고 주장한다면, 이것 역시 문맥을 완전히 잘못 해석하는 셈이 될 것이다. 성서 이야기에 특유하고 본질적인 점은, 하나님이 지으신 세계 안에서 사건 전체가 벌어진다는 것이고, **디아볼리 엑스 마키나**diaboli ex machina[기계 장치로 된 악마, 본회퍼는 "데우스 엑스 마키나deus ex machina"(기계 장치로 된 신)라는 용어도 사용한다.『옥중서신─저항과 복종』(복 있는 사람) 253, 421쪽 참조─옮긴이]를 가동하여 불가해한 사건을 알기 쉽게 설명하거나 극적으로 표현하는 일이 없다는 것이다. 피조물과 악이 무슨 근거로 이 대목에서 출현하는지는 불분명하다. 이 **불분명함**das Zwielicht은 결정적인 것을 파괴하지 않고는 어떤 식으로도 해결되지 않는다. 우리는 뱀, 하와, 그리고 선악을 알게 하는 나무가 하나님의 은혜의 피조물로서 그리고 악의 발언 장소로서 갖는 불명료함을 그 자체로 보존해야 하며, 우격으로 뚜렷하게 이간해선 안 된다. 창조 세계를 에워싸고 있는 이 불분명함, 곧 이 불명료함이야말로 한가운데 자리한 인간이─야훼 기자Jahwist도 한가운데 자리한 인간이었다─저 사건에 대해 진술할 수 있는 유일한 가능성이기 때문이다. 그리함으로써만 다음과 같은 이중의 관심사가 유지될 수 있다. 이를테면 죄를 인간에게 돌리고, 동시에 불가해하고 수수께끼 같고 옹호할 수 없는 죄의 성격을 드러내는 것이다. 성서는 악의 기원에 관한 정보를 제공하지 않고, 죄이자 인간의 영원한 짐인 악의 성격에 관해 증언하려고 한다. 이것을 도외시한 채 악의 기원에 관해 묻는 것은 성서 저자에게는 관심 밖의 일이다. 그렇다면 답변 역시 명료할 수 없고, 직접적일 수도 없을 것이다. 답변은 언제나 다음 두 가지를 담게 될 것이다. 이를테면 하나님의 피조물인 내가 하나님을 거역하는 짓, 곧 악을 저질렀다는 것이며, 바로 이것이 죄, 곧 옹호할 수 없는 죄라는 것이다. 그런 까닭에 악마가 한 사람을 유혹했다고 주장하는 것은 있을 수 없는 일이다. 하나님의 피조물인 내가 하나님의 세계 안에서 살아야 하는데도 그러려고 하지 않는 곳에는 언제나 악마가 자리하고 있을 것이다. 그렇다면 창조 세계를 불완전한 것으로 고발하고, 내 악의 책임을 그 세계에 씌우는 것도 있을 수 없는 일일 것이다. 죄는 원시 상태의 창조 세계 안에서 악을 저지른 나에게 있을 뿐이다. 창세기 3장의 이 대목이 이 불가해한 행위를 표현하는 방식은 다음과 같다. 이를테면 악한 세력은 어디선가 와서 갑자기 창조 세계로 틈입하는 것이 아니라, 창조 세계 안에 잠복하고 있다가 인간을 통해 창조 세계에 나타난다는 것이다. 가톨릭의 교의학이 주장했고 루터도 그러려고 했듯이, 루시퍼의 타락이 미리 보도되었더라면, 아담은 이 루시퍼의 첫 희생자로서 원칙적으로 책임을 면했을지도 모른다. 그러나 성서는 타락이 창조 세계 한가운데 도사리고 있다가 일어나며, 이 때문에 타락의 옹호할 수 없는 성격이 극명하게 드러난다고 사실적으로 보도한다.

뱀은, 주 하나님이 만드신 모든 들짐승 가운데서 가장 간교하였다.

이것은 단순히 뱀이 악마였다고 말하는 것이 아니다. 뱀은 하나님의 피조물이지만, 다른 모든 피조물보다 훨씬 간교하다. 이야기 전체의 어디에도 악마의 실체는 등장하지 않는다. 하지만 악이 출현한다. 좀 더 정확히 말하면 인간을 통해서, 뱀을 통해서, 나무를 통해서 출현한다. 처음에는 하나님의 말씀만이 화제로 채택된다. 뱀이 묻는다. "하나님이 정말로 너희에게, 동산 안에 있는 모든 나무의 열매를 먹지 말라고 말씀하셨느냐?" 뱀은 이 말씀을 논박하지 않는다. 그저 인간에게 그가 이제껏 알지 못하던 전망, 곧 깊은 곳을 들여다보는 전망을 제시하여, 그 말이 하나님의 말씀인지를 논증하거나 논박하게 한다. 우선 뱀은 개연성만을 제시한다. 이를테면 하나님의 의도는 그런 게 아닐 수도 있는데, 사람이 잘못 알아들은 것일지도 모른다는 것이다. 하나님, 곧 선하신 창조주는 자신의 피조물에게 그러한 것을 부과하여 자신의 사랑을 제한하실 분이 아니라는 것이다. 그러면서 최종적으로 사람에게 하나님의 말씀의 배후를 추적해도 되며, 그의 관점, 곧 하나님의 본질에 대한 그의 이해에 의거하여 그 말씀의 근거를 밝혀도 된다는 생각을 품게 한다. 하나님의 말씀이 이 이해에 모순되면, 인간은 명백히 잘못 알아들은 것이니, 그처럼 잘못된 말씀, 그처럼 잘못 청취된 말씀을 제때 파기하는 것이 하나님의 사실에 도움이 된다는 것이다. 그러므로 이것은 하나님의 입장을 취하려 하는 까닭에 거짓된 물음이다. 이 물음은 참 하나님을 위한답시고, 주어진 하나님의 말씀을 파기하려는 것처럼 보인다. 이로써 뱀은 어떻게 해서든 이 주어진 하나님의 말씀을 넘어서야, 이 인간의 말 속에서 심하게 왜곡되는 참 하나님의 심오함을 조금이라도 알 수 있다고 거짓말을 하는 셈이다. 뱀은 하나님의 말씀만 의지하는 인간과 달리 하나님을 더 알고 싶어 한다. 뱀은 그러한 금지령을 필요로 하지 않는 좀 더 고차원적인 하나님, 좀 더 고상한 하나님을 알고 있다. 뱀은 자신이 어떻게 해서든 어두운 근원이 되어, 눈에 보이는 하나님의 나무의 뿌리가 되려고 한다. 그리고 뱀은 이 권좌에서 하나님의 말씀에 맞서 싸운다. 뱀은 하나님으로부터 유래한 자, 하나님의 일을 대리하는 자로 자처하는 곳에서만 자신에게 힘이 생긴다는 것을 알고 있다. 뱀이 악한 것은 독실한 체하기 때문이다. 자신의 물음으로 하나님의 능력에서 자신의 존재를 얻는 뱀, 독실한 체하는 곳에서만 악하게 될 수 있는 뱀. 뱀은 이제 스스로를 하나님의 말씀 배후에 있는 능력, 하나님에게까지 힘을 주는 능력으로 자처한다. 뱀이 던진 물음은 철두철미 독실한 체하는 물음에 불과했다. 그러나 최초의 독실한 체하는 물음과 함께 악이 세상에 출현하게 되었다. 악은 제 무신성無神性이 드러나는 곳에서 힘을 잃게 마련이다. 그런 곳에서 악은 도깨비에 지나지 않으므로 우리는 그것을 두려워할 필요가 없다. 그런 곳에서 악은 제 힘을 조금도 집중하지 못한다. 악은 다른 곳에서 틈입하려고 하다가 대개는 방향을 틀게 마련이다. 바로 이때 악은 경건해 보이는 옷을 입는다. 양의 옷을 입은 늑대, 빛나는 자태의 천사로 가장한 사탄, 바로 이것이 악에 어울리는 모습이다. "하나님이 정말로…말씀하셨느냐?" 이것은 전형적인 무신론자의 물음이다. 자신이 사랑이시라고, 우리 죄를 용서해 주시겠다고, 우리는 그저 믿기만 하면 된다고, 공로가 조금도 필요 없다고, 그리스도가 우리를 위해 죽으시고 부활하셨다고, 우리가 그분의 나라에서 영원한 생명을 얻게 될 것이라고, 우리는 더 이상 혼자 있는 게 아니며 하나님의 은혜가 우리를 업고 있다고, 장차 모든 괴로움과 비명이 끝나게 될 것이라고, 하나님이 정말로 말씀하셨느냐? 도둑질하지 말라고, 간음하지 말라고, 거짓 증언을 하지 말라고, 하나님이 정말로 말씀하셨느냐? 하나님이 정말로 이것을 나에게 말씀하셨는가? 이것은 나에게 적용되는 게 아니지 않는가? '나는 계명을 지키지 않는 이들에게 진노하는 하나님'이라고 하나님이 정말로 말씀하셨는가? 내가 더 잘 아는 바, 그분은 더없이 인자하시고 긍휼이 크신 아버지이신데, 그분이 정말로 그리스도의 희생을 요구하셨는가? 이것은 대단히 위험해 보이는 물음이다. 하지만 악은 이 질문을 통해 우리 안에서 힘을 얻고, 우리는 이 질문을 통해 하나님께 불복종하게 된다. 만일 이 질문의 무신성이 우리에게 적나라하게 드러난다면, 우리는 그것에 저항할 수 있을 것이다. 그러나 그런 식으로는 그리스도인을 공략할 수 없다. 그리스도인을 타락시키려면, 하나님을 등에 업고 그에게 다가가, 그가 아는 것보다 더 낫고 더 대단한 하나님을 보여주어야 한다. 이 질문 속에 도사린 본질적 악은 무엇인가? 질문 자체가 아니다. 이 질문 속에 잘못된 대답을 담고 있다는 것, 이 질문 속에서 창조주에 대한 피조물의 기본자세를 공격하고 있다는 것, 바로 이것이 본질적으로 악한 것이다. 이 질문을 받는 사람은 그저 하나님의 말씀을 듣고 행하기보다는 하나님의 말씀을 심사하는 자가 되라고 요구받는다. 그리고 이 요구는 사람이 모종의 관념, 모종의 원리, 하나님에 관한 기존의 지식을 토대로 하나님의 구체적인 말씀을 평가함으로써 그대로 이루어진다. 그러나 모종의 원리, 하나님 관념이라는 무기를 가지고 하나님의 구체적인 말씀에 맞서 싸울 경우, 이는 인간이 처음부터 옳고, 하나님의 주인이 되고, 복종에서 벗어나고, 말을 거시는 하나님을 멀리하는 것이 되고 만다. 바꾸어 말하면 이 질문은 가능성과 현실을 반목시켜, 가능성이 현실을 전복하게 한다. 그러나 사람과 하나님의 관계에는 가능성이 존재하지 않고, 오로지 현실만이 존재한다. 하나님과 사람의 관계에는 "나로 하여금 먼저 ~하게 해주십시오erlaube mir zuvor..."(눅 9:61 참조—옮긴이)가 존재하지 않고, 명령과 복종만이 존재할 따름이다.

　　오로지 이 현실 속에서 살아가는 첫 사람에게, 이처럼 그의 가능성에 말을 거는 것, 좀 더 정확히 말하면 하나님의 말씀에 복종하지 말라고 말하는 것은, 그의 자유—그가 하나님의 소유로서 영위하는 자유—에 말을 거는 것과 같은 뜻이다. 그리고 이 말 걸기가 가능한 이유는, 하나님에 대한 이 불복종의 가능성이 그의 "하나님을 위한 존재"의 현실 속에 도사리고 있기 때문이다. 질문은 아담이 그것을 "하나님을 위한 존재"의 새로운 가능성으로 이해할 수 있도록 제기된다. 그런 까닭에 그 질문은 그를 "하나님을 거역하는 존재wider Gott sein"가 되도록 유인할 수 있다. **독자적으로** 찾은 의욕, 곧 "하나님을 위해 존재하려는 의욕"의 가능성, 바로 이것이 뱀의 독실한 체하는 질문 속에 도사린 원초적 악das Urböse이다. 뱀은 "하나님이 정말로 너희에게, 동산 안에 있는 모든 나무의 열매를 먹지 말라고 말씀하셨느냐?"라며 주제넘게 과장해서 묻는다. 이것은 일말의 어리석음이 아니라, 뱀이 지닌 간교함의 극치라고 할 수 있다. 이 질문을 던짐으로써 뱀은 처음부터 하와를 자기편으로 끌어들이고, 심지어 그녀를 다그쳐 "아니, 하나님은 물론 그리 말씀하시지 않았다"라고 고백하게 한다. 그리고 하와로 하여금 하나님의 말씀—잘못 재현된 말씀—과 관련하여 무언가를 국한하지 않으면 안 되게 하는 이 과정은 그녀를 극도의 혼란에 빠뜨린다. 실로 이것은 그녀에게 난생 처음 하나님의 말씀을 평가하는 흥분을 느끼게 한다. 이제 뱀은 명백히 잘못된 것을 가지고도 옳은 것을 넘어뜨리게 될 것이다. 우리는 이처럼 하나님의 계명을 간교하게 과장하는 작태들을 경계해야 한다. 그 작태들 속에는 확실히 악이 도사리고 있기 때문이다.

이와 같이 뱀의 질문은 악마의 전형적인$κατ'$ $ἐξοχήν$ 질문, 하나님에게서 그분의 영광을 탈취하고, 인간을 하나님의 말씀으로부터 멀어지게 하려고 하는 질문임이 판명되었다. 경건을 가장하여 모든 현존재의 궁극적 전제이신 하나님을 공격하는 이 질문에 인간은 "아파게 사타나스$ἄπαγε$ $Σατανᾶς$"[사탄아 물러가라, $ὕπαγε,$ $σατανᾶ,$마 4:10 마 16:23, 막 8:33 참조—옮긴이]라는 말을 통해서만 맞설 수 있다. 하와의 대답은 여전히 무지의 영역에 머물러 있다. 그녀는 악을 알지도, 인식하지도 못한다. 그래서 주어진 계명을 되풀이해서 말하며 제대로 제시하는 것 외에 아무것도 하지 못한다. 그리고 이 정도만 해도 대단한 일이다. 그녀는 계명을 고수하고 있기 때문이다. 하지만 그녀는 그러다가 이 교활한 대화에 끼어들고 만다. 그 대화가 어떤 식으로든 그녀 안에 불을 붙인 것이다. 그러나 옛 질서는 아직 훼손되지 않은 상태다. 인간은 하나님의 말씀 뒤로 돌아갈 수 없다. 선악을 알게 하는 나무와 생명나무는 변함없이 본래대로 존속하고 있다.

3:4-5 시쿠트 데우스 Sicut deus

뱀이 여자에게 말하였다. "너희는 절대로 죽지 않는다. 하나님은, 너희가 그 나무 열매를 먹으면, 너희의 눈이 밝아지고, 하나님처럼 되어서, 선과 악을 알게 된다는 것을 아시고, 그렇게 말씀하신 것이다."

첫 대화가 끝났지만, 하와의 대답은 뱀의 새로운 개입을 막지 못한다. 그래서 대화가 속행된다. 하나님에 **관한** 첫 대화, 첫 종교적·신학적 대화다. 하나님께 다 같이 경배하며 간청하는 것이 아니라, 하나님에 관한 담화, 하나님을 넘어서려고 하는 담화다. 하와가 이 대화에 끼어든 이상, 뱀은 이제 본격적인 공략을 감행할 수 있게 된다. 뱀은 하나님에 관해 말하되, 하나님의 비밀들을 속속들이 알고 있다는 투로, 다시 말해 경건한 체하며 말한다. 그러나 이처럼 경건을 가장한 것도 거침없는 공략 속에서 정체를 드러낸다. "하나님이 **정말로** ~하라고 말씀하셨느냐? 실로 그분은 ~하라고 말씀**하셨다**. 하지만 그분이 그리 말씀하신 **이유**가 무엇이겠느냐?" 대화는 이렇게 진행된다. "하나님이 그리 말씀하신 것은 질투 때문이다. 하나님은 선한 하나님이 아니고, 악한 하나님, 괴롭히는 하나님이니, 영리한 사람이 되어라. 네 하나님보다 더 영리한 사람이 되어서, 그분이 너에게 주지 않으시는 것을 빼앗아라. 하와야, 하나님이 그리 말씀하셨다니, 그래, 네 말이 맞다. 하지만 그것은 그분의 거짓말이야. 하나님의 말씀은 거짓이란다. 너희는 절대로 죽지 않을 테니 말이야." 진실을 거짓이라고 주장하는 것이야말로 거짓이 할 수 있는 최후의 반항이다. 거짓은 스스로를 진실이라고 내세우고, 진실을 거짓이라고 비난하기 때문에 존속한다. 이것이야말로 거짓의 심연이다. "너희는 절대로 죽지 않는다. 하나님은, 너희가 그 나무 열매를 먹으면,

너희의 눈이 밝아지고, 하나님처럼sicut deus 되어서, 선과 악을 알게 된다는 것을 아시고, 그렇게 말씀하신 것이다." 이 나무가 앎을 성사시킬 것이라고 창조주께서 말씀하셨으니, 그 반대는 창조주께서 이 행위에 죽음을 정하신 것일 텐데도, 뱀은 '하나님처럼 된다'는 약속을 거기에 덧붙인다. 나중에 말하겠지만 여기서 맛보기로 말하자면, 뱀이 약속하는 것, 곧 사람이 하나님처럼 되는 것은, 창조주께서 죽음이라고 부르신 것에 지나지 않는다. 인간이 타락으로 말미암아 하나님처럼 된다는 것은 사실이다. 하지만 하나님처럼 된 이 인간은 더는 살지 못하고 죽는다. 이는 뱀이 하나님의 진리를 거짓이라고 주장하기 위해 갖은 수를 다 쓰면서도 이 진리에서 벗어나지 못하고, 오히려 자신의 거짓말 속에서조차 이 진리가 옳다고 인정**할 수밖에 없음**을 의미한다. 뱀조차도 사람의 죽음에 대해 말한다. 다만 다른 방식으로 말할 뿐이다. 이것에 대해서는 나중에 말하련다.

　　여기서 우리는 성서 저자가 인간을 데리고 가려고 하는 마지막 지점, 심연이 나타나기 직전, 끝없고 불가해한 균열이 발생하기 직전의 지점에 서게 된다. 하나님의 금지령에서 시작하여 여자의 창조를 거쳐 뱀의 물음으로 이어지는 행렬, 협력하여 생명나무와 싸우는 행렬이 종점에 이른다. 마지막으로 인도할 곳이 불가해한 곳이라니 어째서 그런가? 이 자리에서 또 한 번 언급하지만,["타인의 힘" 첫째 문단(이 책 118쪽) 참조—옮긴이] 이해 가능한 곳으로 인도하는 것이 관건이 아니고, 불가해한 곳으로 인도하되, 불가해한 것을 철저히 불가해하고 옹호할 수 없는 상태로 남겨 두는 것이 관건이기 때문이다.

"너희는 절대로 죽지 않는다." "너희는 반드시 죽는다." 이제 아담의 눈에는 세계가 이 두 문장으로 갈라지는 것처럼 보인다. 문장이 문장에 맞선다. 이는 아담의 이해력을 넘어서는 것이 아닐 수 없다. 어느 것이 거짓말인지, 아담이 어찌 알겠는가? 진리와 진리가 대결하고, 하나님의 진리와 뱀의 진리가 격돌한다. 하나님의 진리는 금지령과 결부되어 있고, 뱀의 진리는 약속과 결부되어 있다. 하나님의 진리는 나의 한계를 가리키고, 뱀의 진리는 나의 무한성을 가리킨다. 둘 다 진리다. 바꾸어 말하면 둘 다 하나님에게서 유래한 것이다. 하나님이 하나님에 맞선다. 그리고 이 두 번째 하나님은 사람이 하나님처럼 될 수 있다고 약속하는 하나님이다. 하나님이 하나

님처럼 된 인간과 대결하고, 하나님과 하나님의 형상imago dei
인 인간이 하나님 및 하나님처럼sicut deus 된 인간과 격돌한다.
imago dei는 하나님과 이웃을 위한 존재 속에서, 원초적 피
조성과 한계성 속에서 하나님을 닮은 인간을 가리키고, sicut
deus는 선악을 제 스스로 아는 인간, 무한성과 자발적 행동과
자존성과 독존獨存, das Alleinsein의 면에서 하나님과 똑같은 인간
을 가리킨다. imago dei는 창조주의 말씀에 매여, 이 말씀을
먹고사는 것을 가리키고, sicut deus는 하나님과 선과 악을 아
는 자기 지식의 깊이에 매이는 것을 가리킨다. imago dei는 한
결같이 복종하며 살아가는 피조물을 가리키고, sicut deus는
선과 악의 분열에 기대어 살아가는 창조주 인간der Schöpfermensch
을 가리킨다. imago dei, sicut deus, agnus dei(하나님의 어린
양). agnus dei는 하나님처럼 된 인간을 위해 희생 제물이 되
시고, 참된 신성das Gottsein 안에서 인간의 거짓된 신성을 죽이시
고, 하나님의 형상을 회복하시는 신인神人, der Gottmensch을 가리
킨다.

하나님처럼 된다는 뱀의 약속을 아담이 어찌 이해하겠
는가? 어쨌든 그는 악마의 약속이 죽음의 약속이자, 하나님에

대한 모반임을 이해하지 못한다. 그는 하나님의 형상의 구조 속에서 살고 있고, 게다가 악의 가능성을 조금도 알지 못하기에 그 가능성을 더 경건한 존재, 더 복종하는 존재가 될 가능성으로만 이해한다. sicut deus, 이것은 아담에게 하나님의 형상으로서의 피조물이 될 가능성 안에 있는 하나의 새로운 가능성일 뿐이며, 좀 더 심오한 새 피조물이 되는 것을 의미할 뿐이다. 아담은 뱀을 **그런 식으로** 이해할 수밖에 없다. 물론 그는 좀 더 심오한 새 피조물이 되려면 계명을 위반해야 함을 알고 있다. 그리고 그는 바로 이 사실에 주목할 수밖에 없다. 그는 사실 하나님과 하나님 **사이에**, 좀 더 정확히 말하면 하나님과, 스스로를 참 하나님이라고 주장하는 거짓 신 사이에 있다. 그러나 어찌 그가 거짓 신을 피조물 자체가 될 근원 가능성Urmöglichkeit 이외의 것으로 알겠는가? 어찌 그가 거짓 신을 창조주와 결부되어 있는 자신과 다른 것으로 제시하겠는가? 어찌 그가 하나님처럼 된다는 이 약속, 좀 더 심오한 하나님을 위한 존재가 된다는 이 약속을, 창조주와 그분 말씀의 주어진 현실을 더욱 확고하게 고수하는 것 이외의 것으로 받아들이겠는가? 어찌 그가 거짓 신을, 하나님의 유일하게 참된 말쯤, 창조주 하나님을 궁극적으로 가장 심오하게 가리키는 것 이외의 것으로 받아들이겠는가? 어찌 아담이 거짓 신을 궁극적 은총—이 은총 안에서 하나님은 인간을 자신과 연결하신다—이외의 것으로 받아들이겠는가? 하와와 뱀의 경건한 대화가 인간에 대한 창조주의 전적인 권리를 최종 확인한 것이 아니고 무엇이겠는가? 하와의 대답이 그녀의 피조성과, 하나님과 이웃을 위한 그녀의 자유의 **궁극적** 심연에서 터져 나온 찬양, 비길 데 없이 불가해한 창조주의 은총을 기리는 찬양이 아니고 무엇이겠는가?

3:6   타락

여자가 그 나무의 열매를 보니, 먹음직도 하고, 보암직도 하였다. 그뿐만 아니라, 사람을 슬기롭게 할 만큼 탐스럽기도 한 나무였다. 여자가 그 열매를 따서 먹고, 함께 있는 남편에게도 주니, 그도 그것을 먹었다.

대답 대신, 즉 뱀과 함께 신학을 계속 논하는 대신, 행동이 이루어진다. 우리는 묻는다. 무슨 일이 일어난 거지? 먼저, 사람이 한가운데를 짓밟고 한계를 위반하는 일이 벌어진다. 이제는 인간이 한가운데 선다. 게다가 그는 한계가 없다. 그가 한가운데 선다는 것은, 그가 제 힘으로 살고, 더는 중심에 기대어 살지 않음을 의미하고, 그에게 한계가 없다는 것은, 그가 독존獨存함을 의미한다. 한가운데 있으면서 독존한다는 말은 하나님처럼 존재한다는 뜻이다. 이제 그는 제 스스로 살고, 자기 생명을 스스로 창조한다. 그는 자기 자신의 창조자다. 그는 창조주를 더는 필요로 하지 않는다. 그는 자기 생명을 창조한다는 점에서 스스로 창조자가 되었다. 이와 동시에 그의 피조성은 끝장나고 파괴된다. 아담은 더 이상 피조물이 아니다. 그가 자신의 피조성을 뿌리친 것이다. 그는 하나님처럼 존재한다. 이 "존재한다"는 말은, 그가 그렇게 느낀다는 뜻이 아니라, 그렇게 되었다는 뜻이다. 아담은 **한계**와 함께 **자신의 피조성**도 상실한다. 한계 없는 아담은 더 이상 자신의 피조성을 유념하도록 지시받지 않는다. 이로써 우리는 중요한 사실에 도달하게 된다. 이를테면 피조성과 타락은 상관관계가 없으며, 따라서 타락은 피조성의 행위가 아니라는 것이다. 타락은 피조성을 파기하기는커녕, 기껏해야 수정하거나 훼손할 수 있을 뿐이다. 타락은 **실로** 피조물, 곧 하나님의 형상인 인간을 하나님처럼 된 창조주 인간으로 만들고 만다. 하나님처럼 된 인간에게 말을 걸어 그의 피조성을 일깨울 권리가 더는 존재하지 않는다. 그가 사실상 하나님처럼 되었기 때문에 그의 피조성을 인식할 가능성도 더는 존재하지 않는다. 이제부터는 인간에 관한 인간의 어떤 진술도, 하나님처럼 된 인간을 염두에 두지 않는 어떤 진술도, 이 사실을 도외시하는 어떤 진술도 할 수 없게 된다. 왜냐하면 그런 진술은 인간 너머에서 이루어져야 하지만, 한계 없는 인간은 자기에 관해 말하는 너머를 인정하지 않기 때문이다. 인간이 하나님처럼 된다는 것은 그가 피조물이 되려고 하지 않음을 **함의**한다. 하나님 자신만이 인간을 다르게 말씀하실 수 있으며, 인간에게 그의 파기할 수 없는 피조성을 유념하도록 지시하시되, 예수 그리스도 안에서, 십자가 안에서, 교회 안에서 그리하실 수 있다. 하나님은 친히 말씀하신 진리, 우리가 하나님을 위해 우리의 모든 현실 인식에 맞서 신뢰하는 진리로서만 인간의 피조성에 관해 말씀하신다.

어떻게 인간은 하나님처럼 되는가? 스스로 하나님을

위한 존재가 되려고 함으로써, 새로운 방식으로 "하나님을 위한 존재"가 되려고 함으로써, 특별한 방식으로 경건한 존재가 되려고 함으로써 가능하다. 게다가 이러한 경건한 존재의 본질은 인간이 자신에게 주어진 하나님의 말씀의 배후로 돌아가 스스로 자기만의 하나님 인식을 마련하는 데 있다. 인간이 자기에게 주어진 말씀을 넘어 하나님을 알 수 있다고 하는 것, 바로 이것이 하나님처럼 되는 것이다. 도대체 인간은 이 지식을 자기의 생명과 존재의 원천에서 얻지 않고 어디서 얻겠다는 것인가? 인간은 하나님을 알기 위해서라며, 범해선 안 될 생명의 중심과 한계로부터 거듭 자신에게 송부되는 하나님의 말씀을 버린다. 그는 이 말씀에서 오는 생명을 포기하고, 생명을 강탈하여 제 것으로 삼는다. 그는 직접 중심이 된다. 그런 까닭에 이것은 복종의 탈을 쓴 불복종, 섬김의 탈을 쓴 지배욕, 피조성의 탈을 쓴 채 창조주가 되려고 하는 것, 생명의 탈을 쓰고 있으나 죽은 거나 다름없는 상태다.

어쩌다 이 지경에 이르렀는가? 우리는 이 질문에 성서적으로 답하기 위해 다음과 같이 하고자 한다. 첫째, 행동을 낳는 것으로 이해될 수밖에 없는 행렬을 한 번 더 제시하기.

둘째, 이 행렬의 끝과 행동 사이에 끝없는 균열이 자리하고 있음을 지적하기. 셋째, 사변적인 질문에서 신학적인 질문을 발굴해 내고 거기에 대답함으로써 질문 자체를 제대로 제기하기.

❶　악행에 앞서 등장하는 행렬을 마음속에 떠올려 보는 것은 원칙적으로 잘못된 것이 아니다. 그러나 정말로 중요한 것은, 이 행렬에 행동 자체의 책임을 지우는 것이 아니라, 이 행렬을 균열이 나타나는 지점, 악행이 어떻게 이루어졌는지를 이해할 수 없는 지점까지 곧장 잇는 것이다. 앞서 일어난 일련의 사건들을 다시 언급하는 것은 이것에 종사해야만 한다. 아담에게 주어진 금지령은 이 행렬의 맨 처음에 자리한다. 그것은 아담에게 그의 피조성과 그의 자유—하나님을 위한 자유로서만 이해될 수 있는 자유—를 알려 주었다. 그럼으로써 이 금지령은 아담에게 창조주의 은총을 더 잘 보여주었다. 그러나 이처럼 피조성과 자유를 유념하도록 지시를 받는 것은 창조주와 피조물의 거리를 더더욱 분명하게 했고, 이와 동시에 피조물의 독자적 존재를 더 강하게 지시했다. 아담이 인지한 대로, 이 피조물의 독자적 존재는 아담의 갈빗대로 여자

가 창조되었을 때 뜻밖의 향상을 경험한다. 한계 안에서 사는 그에게 이제 그 한계가 육체의 형태를 띠게 되었고, 그 바람에 그는 타인의 그 형태 자체를 사랑하고, 그 형태 안에서 자신의 일부를 알아본다. 그 형태로 인해 그는 자신의 권리 내지 자신의 독자적 존재를 다시 주목하게 된다. 인간의 한계가 그에게 더 가깝게 당겨졌고, 그 바람에 더 선명해졌다. 하지만 바로 이 구체적 한계가 계시되자 아담은 타자를 사랑하는 가운데 창조의 은총을 더 깊이 인식하게 되었다. 여자를 창조함으로써 인간의 한계가 창조 세계 한가운데로 들어온 것이다. 이로써 그 한계 위반의 위험은 더 커지지 않고 오히려 더 적어졌다. 아담은 이제 하나님을 자신의 유일한 창조주로서 더 진정으로 찬미해야 했기 때문이다. 분명한 사실은, 창조주를 거슬러 한계를 위반할 경우, 창조 세계 안에 자리한 한계의 위반도 동시에 일어날 수밖에 없다는 것이다. 모든 한계 위반은 타인의 피조성을 침해하는 것과 같은 뜻이다. 선악을 알게 하는 나무를 건드리는 것은 타인을 건드리는 것이 될 수밖에 없다. 그러나 인간이 변함없이 한결같이 복종하여, 주어진 한계를 넘어설 생각을 아예 품지 않았다면, 한계를 오로지 은총으로만 알았다면, 위험에 대해 말할 일이 어찌 있겠는가?

우리는 이와 관련하여 마지막 단계에 이르게 된다. 인간은 자신의 복종과 그 복종의 대상이 두 개의 매우 다른 문제이며, 꼭 이 대상을 통해 자신의 복종을 규정할 필요는 없으며, 열매를 따 먹지 않는 것이 반드시 하나님에 대한 복종인 것은 아니라는 사실에 주목한다. 바꾸어 말하면 그는 변함없는 복종 속에 있는 자신의 자유가 자신의 피조성과 **별개임을** 특별히 깨닫는다. 그는 제2의 것이자 또 하나의 것인 자신의 자유가 자신의 피조성과 대립하고, 그러면서도 형식상으로는 자신의 자유가 자신의 피조성에 속하고, 그 자유의 행사는 섬김, 곧 하나님을 섬기는 것 이외의 것이어서는 안 된다고 자각한다. 여기서 인간은 하나님 앞에서 자기 자신을 가장 분명하게 알게 된다. 그리고 우리는 다시 묻는다. 창조주를 기리는 환호성과 감사와 찬양—결코 끝나려 하지 않고 끝날 수도 없는 찬양—이 여기 창조 세계에서 터져 나오지 않다니 어찌된 일인가? 그것이 새로운 복종을 위한 새 힘이 되지 않다니 어찌된 일인가?

하와가 먼저 타락한다. 그녀는 좀 더 약한 자로서, 남자의 몸에서 일부를 얻은 자로서 타락한다. 그러나 그녀의 타락은 변명의 여지가 없다. 그녀는 전적으로 그녀 자신이다. 그러나 이야기의 끝은 아담의 타락이다. 아담의 타락을 통해 비로소 그녀도 완전히 타락한다. 둘은 실로 하나이기 때문이다. 아담은 하와로 인해 타락하고, 하와는 아담으로 말미암아 타락한다. 둘은 하나다. 둘이지만, 죄책 면에서는 하나다. 그들은 한 몸으로서 함께 타락하지만, 죄책은 전적으로 각자가 진다. 하나님은 인간, 곧 남자와 여자를 창조하셨고, 인간은 남자와 여자로서 그분을 배반했다.

아담이 하와의 행위 속에서 자신의 창조주를 가리키는 최후의 암시를 보지 못하다니 어찌된 일인가? 그는 하와가 무슨 짓을 저질렀는지 알 수 없었다. 그저 그것을 뱀이 한 발언의 끝없는 보강, 곧 자신의 피조성과 하나님을 위한 자신의 자유를 가리키는 것으로만 이해했을 뿐이다. "그래서 그는 먹었다."

❷　다음 세 가지를 확인해야 한다. **첫째**, 행위의 불가해성과 이로 인한 용서 불가능성이다. 인간의 본성이나 창조계의 본성이나 뱀의 본성에서도 이 사건의 동기가 적발되

지 않는다. posse peccare(죄를 지을 수 있는 상태)나 non posse peccare(죄를 지을 수 없는 상태)에 관한 어떤 이론도 행위의 사실성을 파악할 수 없다. 행위의 사실성을 파악하려는 시도는 모두 피조물이 창조주를 고발하는 것에 지나지 않는다. **둘째,** 인간의 견지에서 볼 때 이 행위는 결정적이고 무효화할 수 없는 것처럼 보인다. 그렇지 않다면 아담은 스스로 죄책을 벗을 수 있었을 것이고, 그러면 죄책은 죄책이 아닐 것이며, 그리스도도 까닭 없이 죽지 않았을 것이다. **셋째,** 하나님이 남자와 여자로 창조하신 인간의 이 행위는 누구도 벗어날 수 없는 인류의 행위이다. 그리고 이 행위의 범죄성은, 아무도 스스로 그 행위를 하지 않았고, 모두가 다른 이의 행위에 대해 책임이 있다는 사실로 인해 끝없이 심화된다. 아담은 하와로 인해 타락하고, 하와는 아담으로 인해 타락한다. 그러나 이것은 내가 다른 사람의 죄책을 면한다는 뜻이 아니라, 다른 사람이 자신의 죄책을 나에게 영원히 지운다는 뜻이다.

　하나님의 창조 세계 안에서 일어난 인간의 타락은 불가해한 것이자 궁극적으로 용서할 수 없는 것이므로, **불복종**이라는 단어는 실상을 다 파헤치지 못한다. 그것은 모반이고,

피조물이 마땅히 취해야 할 태도에서 벗어나는 것이며, 피조물이 창조주가 되는 것이다. 그것은 피조성의 파괴이고, 거역, 곧 피조성 안에 의무 지워진 것을 거스르는 것이다. 이 거역은 **영속적인** 타락이고, 나락으로 **추락하는 것**, 떨어져 나가는 것, 더 멀리 더 깊게 이탈하는 것이다. 그것은 어느 모로 보나 **윤리적 과오**에 불과한 것이 아니다. 그것은 피조물이 창조 세계를 파괴하는 것과 다름없다. 다시 말해 이 타락의 외연은 창조 세계 전체를 아우른다. 이제 창조 세계는 피조성을 박탈당한 채, 핵에서 떨어져 나간 유성流星처럼, 무한한 공간으로 무분별하게 돌진한다. 우리는 이제 이 타락한 세계, 여전히 타락하고 있는 세계에 대해 말하지 않으면 안 된다.

❸　　악의 이유를 묻는 것은 신학적인 물음이 아니다. 그것은 우리에게 강요된 죄인으로서의 실존 이전으로 되돌아가는 것의 가능성을 전제하기 때문이다. 우리가 그 이유를 답할 수 있다면, **우리**는 죄인이라고 할 수 없을 것이다. 우리는 다른 것에게 책임을 지울 수 있다. 이를테면 인간에게 전적으로 책임을 지우는 "것daβ"으로만 "이유를 묻는 물음"에 답하는 것이다.

　　신학적인 물음은 악의 기원을 겨냥하지 않고, 십자가에

서 실제로 이루어진 악의 극복을 겨냥한다. 신학적인 물음은 죄책의 용서에 대해 묻고, 타락한 세계의 화해에 대해 묻는다.

3:7 새로움

그러자 두 사람의 눈이 밝아져서, 자기들이 벗은 몸인 것을 알고, 무화과나무 잎으로 치마를 엮어서, 몸을 가렸다.

"하나님의 길 가운데 마지막 길은 육체성이다."[신지학자 외팅거F. C. Oetinger의 말.『디트리히 본회퍼: 신학자-그리스도인-동시대인』(에버하르트 베트게, 복 있는 사람), 241쪽 참조―옮긴이] 본문은 그들이 무엇이 선하고 무엇이 악한지를 알고 깨달았다는 뜻이 아니라, 그들의 **눈**이 밝아져서, 자기들이 벗은 몸인 것을 보게 되었다는 뜻이다. 어쨌든 여기서 이 이야기 전체를 다음과 같이 실제로 이해할 수 있지 않을까? 이를테면 이 이야기에서 중요한 것은 남녀 사랑의 기원에 관한 물음이며, 선악을 알게 하는 나무의 열매를 따 먹은 것은 인간을 해방하는 위대하고 자랑스러운 행위였으며, 이 행위를 통해 인간은 사랑의 권리와 생명 창조의 권리를 스스로 획득했으며, 선과 악을 아는 지식은 본질적으로 아이가 성인이 되어 새롭게 알게 된 지식이었으며, 선과 악을 알게 하는 나무에서 곧장 생명나무로 돌진하여 그 열매를 따 먹지 않은 것이 결국 아담의 유일한 잘못이었다는 것이다. 이 모든 것 가운데 적절한 이해는 다음과 같다. 이를테면 여기서 본질적으로 중요한 것은 성性의 문제라는 것이다. 통일성 속에서 사는 아담에게 선과 악을 아는 지식은 이원성, 곧 전체의 분열을 아는 지식으로서 그가 알 수 없는 지식이다. 그리고 이 이원성의 포괄적 표현은 tob와 ra다. 우리의 언어로 tob는 즐거움, 곧 선이고, ra는 괴로움, 곧 악이다. 즐거움과 선의 상호 침투는 도덕적 해석의 모든 무게를 뺀다. 둘 다 똑같이 본원적 통일성에서 떨어져 나온 것이므로, 즐거움은 분열되고 타락한 세계에서 "선"과 동일한 진지함을 지니고 있다. 양자는 이원성 속에만 있고, 그래서 통일성에 이르는 길을 되찾지 못한다.

　　이처럼 tob와 ra로 분열된 상태는 아담과 하와의 관계 속에서 맨 먼저 나타난다. 타인인 하와는 아담에게 육체의 형태로 주어진 한계였다. 아담은 사랑, 곧 완전한 헌신의 통일성 속에서 그녀를 인정하고, 그녀의 한계성, 곧 그녀의 사람다움 안에서 그녀를 사랑했다. 하지만 이것은 "타인됨ein anderer Mensch sein"을 사랑한 거였다. 이제 그는 한계를 넘어선다. 다시 말해 자신이 한계가 있는 존재임을 알고, 한계를 더는 창조주 하나님의 은총으로 받아들이지 않고, 창조주 하나님의 질투로 여겨 미워하여, 다른 사람이 그에게 구체적으로 표현한 한계를 넘어선다. 그는 다른 사람의 한계도 은총으로 여기지 않고, 하나님의 진노, 하나님의 증오, 하나님의 질투로 여긴다. 그는 타자를 더는 사랑으로 대하지 않고, 자기에게 맞서는 존재Gegenübersein로 대한다. 그는 타자를 분리된 존재로 대한다. 이제 한계는 더 이상 인간 피조물의 자유로운 사랑의 하나됨 속에서 인간을 보존하는 은총이 아니다. 이제 한계는 분리나 다름없다. 남자와 여자는 분리되어 있다. 이것은 다음 두 가지를 의미한다. 첫째, 남자가 여자의 몸을 놓고 자기 몫을 주장한다. 좀 더 일반적으로 말하면 한 사람이 다른 사람에 대한 자신의 권리를 주장하고, 타자에 대한 자신의 소유권을 주장하며, 이로써 타자의 피조성을 부정하고 파괴하는 것이다. 타자에 대한 인간의 이 병적 욕망은 성적 욕망에서 원초적으로 드

창조와
타락—창세기 1-3장의 신학적 주석

160

러난다. 자기의 한계를 넘어서는 인간의 성적 욕망은 어떤 한계도 인정하지 않으려는 욕망이자, 한계 없이 살려는 과도한 욕망이다. 성적 욕망은 모든 한계에 대한 **격렬한 증오**요, 최대한의 부적절함이요, 아욕Ichwille이며, 분열된 세계 속에서 하나 됨을 병적으로 추구하는 무력한 욕망이다. 이 추구가 병적인 까닭은 애초부터 **공동의 인간존재**das allgemeine Menschsein를 알았기 때문이고, 무력한 까닭은 인간이 자신의 한계와 함께 타인을 끝내 잃어버렸기 때문이다. 성적 욕망은 피조물인 타인의 말살을 열망하고, 타인의 피조성을 훼손하고, 자신의 한계인 타인을 모독하고, 은총을 증오한다. 인간은 타인을 말살하면서 자신의 생명을 보존하고 번식한다. 인간은 말살하면서 창조한다. 인류는 성행위로 자기를 말살하면서 보존한다. 고삐 풀린 성적 욕망은 전적인 말살이고, 따라서 타락과 추락의 광적인 가속화다. 그것은 자기 자신만 긍정하다가 자멸에 이른다. 병적인 욕망과 증오, tob와 ra, 바로 이것이 선과 악을 알게 하는 나무의 열매다.

이 분열의 두 번째 결과는 인간의 자기 은폐다. 한계 없는 인간, 증오하는 인간, 병적 욕망에 빠진 인간은 자기의 벌거벗은 모습을 보이지 않는다. 알몸 상태는 통일성의 본질, 분열되지 않은 상태의 본질, 타자를 위한 존재의 본질, 사실성의 본질이다. 또한 알몸 상태는 타자와 그의 권리를 인정하고, 타자가 나에게 가하는 제한을 인정하고, 그의 피조성을 인정하는 것의 본질이자, 타자의 권리를 박탈할 줄 모르는 것의 본질이기도 하다. 알몸 상태는 계시이다. 알몸 상태는 은총을 믿는다. 눈이 자기 자신을 보지 못하고 알지도 못하듯이, 알몸 상태는 자기의 알몸 상태를 알지 못한다. 알몸 상태는 결백 상태다. 은폐는 tob와 ra로 분열된 세계의 특성이다. 그런 까닭에 tob와 ra의 세계에서는 계시 역시 은폐되지 않으면 안 된다. 한계가 없어진 인간이 자기를 은폐하고, 부끄러움을 느끼며, 뜻하지 않게 자신의 한계를 드러낼 수밖에 없는 것, 인간이 부끄러움 속에서 자신의 한계를 인정하는 것이야말로 가장 모순된 상황이다. 인간이 한계 없는 자, 일자—者, der Eine, 한계를 증오하는 자, 분열된 자로 살면서 자기의 알몸 상태를 부끄러워하는 것이야말로 분열된 세계 특유의 변증법이다. 인간의 부끄러움은 계시와 한계와 타인과 하나님을 마지못해 가리킨다. 그러므로 타락한 세계에서 부끄러움을 유지하는 것은, 가장 모순된 것이긴 해도, 근원적 알몸 상태를 가리키는 유일한 길이자, 이 알몸 상태를 성화하는 유일한 길이다. 그 이유는 부끄러움 자체가 선이어서가 아니라—부끄러움을 선으로 여기는 것은 도덕적 청교도의 매우 비성서적인 이해다—부끄러움이 마지못해 자신의 타락상을 증언하기 때문이다.

교회 교의학이 원죄의 본질을 성적 욕망에서 찾는다면, 이는 개신교 측이 도덕주의적 자연주의의 관점에서 종종 말한 것과 달리 터무니없는 것이 아니다. tob와 ra를 아는 것은 원래 윤리적 원칙들을 추상적으로 아는 것이 아니라, 성적 욕망, 곧 인간과 인간의 관계가 전도된 것을 가리킨다. 성적 욕망의 본질이 창조적으로 말살하는 데 있다면, 인간이라는 원죄적 실체의 어두운 비밀은 대대로 생식 속에 보존된다. 성적 욕망의 자연스러움을 증거로 끌어대며 반박하는 것은 우리 세계에 자리한 소위 "자연스러운" 모든 것의 가장 애매한 성격을 모르고 하는 짓이다. 성적 욕망의 성화는 부끄러움, 곧 가리어 숨김을 통해 그것을 억제하고, 그렇게 억제하는 결혼 공동체를 교회로 불러들일 때 주어진다. 그렇게 해야 하는 가장 큰 이유는, 인간이 자신의 피조성을 상실했고, 인간이 하나님처럼 됨으로써in seinem sicut-deus-sein 그의 피조성이 훼손되었기 때문이다. 이제 피조 세계 전체는 가려져 있다. 바꾸어 말하면 피조 세계는 말이 없고, 아무것도 암시하지 않고, 불투명하고, 수수께끼 같다. 하나님처럼 된 인간의 세계는 그와 함께 부끄러워하며, 인간의 눈에 보이지 않도록 스스로를 가린다.

3:8-13   도피

그 남자와 그 아내는, 날이 저물고 바람이 서늘할 때에, 주 하나님이 동산을 거니시는 소리를 들었다. 남자와 그 아내는 주 하나님의 낯을 피하여서, 동산 나무 사이에 숨었다. 주 하나님이 그 남자를 부르시며 물으셨다. "네가 어디에 있느냐?" 그가 대답하였다. "하나님께서 동산을 거니시는 소리를, 제가 들었습니다. 저는 벗은 몸인 것이 두려워서 숨었습니다." 하나님이 물으셨다. "네가 벗은 몸이라고, 누가 일러 주더냐? 내가 너더러 먹지 말라고 한 그 나무의 열매를, 네가 먹었느냐?" 그 남자는 핑계를 대었다. "하나님께서 저와 함께 살라고 짝지어 주신 여자, 그 여자가 그 나무의 열매를 저에게 주기에, 제가 그것을 먹었습니다." 주 하나님이 그 여자에게 물으셨다. "너는 어쩌다가 이런 일을 저질렀느냐?"

여자도 핑계를 대었다. "뱀이 저를 꾀어서 먹었습니다."

tob와 ra를 아는 자, 곧 통일성에서 분열로 돌진한 아담은 자신의 창조주 앞에 더는 서지 못한다. 그는 한계를 넘었고, 이제는 자신의 한계를 증오한다. 실로 그는 그 한계를 부정하고, 하나님처럼—무한하게—되었다. 그러나 그는 부끄러움 속에서 타자의 한계를 마지못해 인정한 것처럼, 자기 창조주 하나님의 옳으심을 마지못해 인정하며, 그분 앞에서 달아나 숨는다. 그는 하나님을 뻔뻔스럽게 마주 대하지 않고, 그분의 음성을 듣고 숨는다. 아담이 하나님 앞에서 숨을 수 있다고 생각하는 것은 그때나 지금이나 엄청난 착각이다. 이는 세계가 우리와 갈라진 뒤에 감춰지고 숨겨져 불투명해 보이니 하나님께도 불투명할 것이라고 생각하는 것과 같다! 급격한 추락으로 하나님에게서 떨어져 나간 인간은 이제 도주 중이다. 그는 충분히 추락한 것도 아니어서 빨리 도주하지도 못한다. 우리는 아담의 이 도피, 곧 아담이 하나님 앞에서 숨은 것을 양심이라고 부른다. 타락 이전에는 양심이 존재하지 않았다. 인간은 창조주와 사이가 나빠진 뒤에야 비로소 자기 분열 상태가 된다. 사람을 닦달하여 하나님 앞에서 도주하게 하고, 실제로는 마지못해 하나님의 옳으심을 인정하게 하는 것, 바로 이것이 양심의 기능이다. 다른 한편, 도주한 사람으로 하여금 자기가 은신처에서 안전하다고 느끼게 하는 것, 그 사람으로 하여금 자기가 실제로 도주 중이라고 착각하게 하는 것, 그로 하여금 이 도주가 자신의 승승장구이며, 온 세계가 하나님 앞에서 도주 중에 있다고 믿게 하는 것도 양심의 기능이다. 양심은 사람을 하나님으로부터 안전한 은신처로 몰아낸다. 그러면 그는 하나님으로부터 멀리 떨어져 스스로 재판관 노릇을 하며, 하나님의 심판을 회피한다. 인간은 이제 자신의 선과 악에 기대어 살고, 자신의 가장 내적인 자기 분열에 기대어 산다. 양심은 하나님 앞에서 느끼는 부끄러움이다. 양심은 이 부끄러움 속에 자신의 악의를 숨긴다. 인간은 양심 속에서 자신을 정당화하고, 동시에 타자를 지적한다. 양심은 죄스러운 인간 속에 자리한 하나님의 음성이 아니라, 이 음성에 대한 방어다. 하지만 방어하면서도 마지못해 이 음성을 가리킨다.

"아담아, 네가 어디에 있느냐?" 창조주의 이 말씀은 도주하는 아담을 그의 양심으로부터 소환한다. 아담은 자신의 창조주 앞에 서지 않으면 안 된다. 인간은 자신의 죄 속에 홀로 머물러서는 안 된다. 그래서 하나님이 그에게 말씀하시며 그의 도주를 저지하신다. "네 은신처, 네 자책, 네 은폐, 네 비밀, 네 자학, 네 실없는 후회에서 벗어나 자백하고, 독실한 체하는 절망에 빠져 길을 잃지 말고, 너 자신이 되어라. 아담아, 네가 어디에 있느냐? 네 창조주 앞에 서거라." 이 부름이 곧장 양심에 어긋나자, 양심이 말한다. "아담아, 너는 벗은 몸이니, 창조주가 보지 못하도록 숨어라. 너는 창조주 앞에 서서는 안 된다." 그러자 하나님이 말씀하신다. "아담아, 내 앞에 서거라." 하나님은 양심을 죽이신다. 도주하는 아담은 자신이 창조주 앞에서 달아날 수 없음을 깨닫지 않으면 안 된다. 우리 모두가 주지하다시피, 우리는 꿈결에 경악스러운 것 앞에서 달아나려고 해도 달아날 수 없을 때가 있다. 그때야말로 타락한 인간의 진정한 위치에 대한 인식이 잠재의식에 떠오르는 때다. 아담의 대답은 이와 동일한 사실을 표현한다. "저는 벗은 몸이어서 숨었습니다." 그는 자신을 고발하면서 변명하려고 시도한다. 그는 계속 달아나려고 하지만, 자신이 이미 붙잡힌 상태임을 깨닫는다. "저는 죄를 지어서 당신 앞에 설 수 없습니다.""죄를 이유로 변명할 수 있다고 생각하는 것은 인간의 납득할 수 없는 어리석음이다. 너는 죄인이니, 내 앞에 서거라. 달아나지 마라." 그러나 아담은 여전히 회피한다. "당신께서 저와 함께 살라고 짝지어 주신 여자, 그 여자가 그 나무의 열매를 저에게 주기에, 제가 그것을 먹었습니다." 그는 자신의 죄를 고백한다. 하지만 죄를 고백하면서도 다시 달아난다. "그 여자를 저에게 주신 이는 당신입니다. 제가 아닙니다. 잘못은 저에게 있지 않고, 당신에게 있습니다." 창조와 죄의 불분명한 상태가 이용되고 있다. "그 여자는 당신의 피조물이었습니다. 그 여자는 당신 자신의 작품입니다. 그 여자가 저를 타락하게 했습니다. 당신께서 불완전한 피조물을 내시다니 어찌된 일입니까? 제가 그 일을 놓고 무엇을 할 수 있겠습니까?" 아담은 자수하기는커녕, 오히려 뱀에게서 익힌 기술에 의지하여, 하나님의 생각을 수정하고, 창조주 하나님을 뒤로한 채 더 나은 다른 하나님에게 호소한다. 그는 다시 한 번 달아난다. 아담과 함께 여자도 달아나면서 뱀을 가리킨다. 이는 엄밀히 말해서 뱀을 창조하신 분을 가리킨 것과 같다. 아담은 자수하거나 자백하지 않고, 자신의 양심, 선악에 대한 자신의 지식을 증거로 끌어대고, 이 지식에 의거하여 자신의 창조주를 고발한다. 그는 창조주의 은총, 곧 그를 부르시고 달아나지 못하게 하시는 은총을 깨닫기는커녕, 도리어 이 은총을 증오 내지 진노로만 여기고, 이 진노를 불쏘시개 삼아 자신의 증오와 자신의 모반과, 창조주를 피하려는 자신의 의지에 불을 붙인다. 아담은 타락한 상태로 머문다. 타락은 끝없이 가속된다.

3:14-19   저주와 약속

주 하나님이 뱀에게 말씀하셨다. "네가 이런 일을 저질렀으니, 모든 집짐승과 모든 들짐승 가운데서 네가 저주를 받아, 사는 동안 평생토록 배로 기어다니고, 흙을 먹어야 할 것이다. 내가 너로 여자와 원수가 되게 하고, 너의 자손을 여자의 자손과 원수가 되게 하겠다. 여자의 자손은 너의 머리를 상하게 하고, 너는 여자의 자손의 발꿈치를 상하게 할 것이다." 여자에게는 이렇게 말씀하셨다. "내가 너에게 임신하는 고통을 크게 더할 것이니, 너는 고통을 겪으며 자식을 낳을 것이다. 네가 남편을 지배하려고 해도 남편이 너를 다스릴 것이다." 남자에게는 이렇게 말씀하셨다. "네가 아내의 말을 듣고서, 내가 너에게 먹지 말라고 한 그 나무의 열매를 먹었으니, 이제, 땅이 너 때문에 저주를 받을 것이다. 너는, 죽는 날까지 수고를 하여야만, 땅에서 나는 것을 먹을 수 있을 것이다. 땅은 너에게 가시덤불과 엉겅퀴를 낼 것이다. 너는 들에서 자라는 푸성귀를 먹을 것이다. 너는 흙에서 나왔으니, 흙으로 돌아갈 것이다. 그때까지, 너는 얼굴에 땀을 흘려야 낟알을 먹을 수 있을 것이다. 너는 흙이니, 흙으로 돌아갈 것이다."

우리는 결말로 다가가고 있다. 타락하여 화해하지 않고 도주하는 아담에게 하나님은 저주와 약속으로 말씀하신다. 아담은 세계 안에서 저주와 약속 사이를 오가며 살게 된다. 마지막 약속은 아담이 자신의 출처인 대지로 귀환하는 것에 대한 허가다. 그것은 죽음의 허가다. 낙원은 파괴된다. "슬프도다! 슬프도다! 그대가 부수었구나, 아름다운 세계를, 억센 주먹으로. 세계가 부서지는구나. 세계가 무너지는구나.… 대지의 아들들 가운데 더 힘센 자여, 세계를 더 아름답게 다시 세워라. 그대의 가슴속에 그것을 건설하여라!"[『파우스트 1』(괴테, 문학동네), 비극 제1부, 정령들의 합창, 1607-1611절, 1617-1621절, 103-104쪽 참조—옮긴이] 이 인용문의 마지막 부분은 적절하지 않다. 오히려 다음과 같이 되어야 한다. "이제 너는 파괴된 이 세계에서 살아라. 너는 이 세계로부터 달아나선 안 된다. 이 세계에서 살되 저주와 약속 사이에서 살아라." 저주와 약속은 타락한 아담의 삶을 다음 네 가지 관념으로 말한다. 뱀과의 적대 관계, 출산의 노고, 노동의 수고, 죽음. 저주와 약속은 다음의 사실과 관계있다. 저주, 이것은 파괴된 세상을 하나님이 긍정하셨다는 뜻이다. 인간이 타락한 세계에서 살**아야 한다**는 것, 인간이 제 뜻을 이루는 것, 인간이 하나님처럼 된 자로서 하나님처럼 된 세계에서 살아야 한다는 것, 바로 이것이 **저주**다. 인간이 그러한 자로서 그러한 세계에서 살**아도 된다**는 것, 인간이 그러한 세계에서 하나님의 말씀 없이는 살 수 없고, 진노하고 추방하고 저주하시는 분이어도 하나님 없이는 살 수 없다는 것, 바로 이것이 **약속**이다. 이렇게 아담은 저주와 약속 사이에서 산다.

저주와 약속은 사람으로 하여금 뱀, 곧 독실한 체하는 무신성의 세력과 적대 관계를 맺게 한다. 파괴된 세계에서 하나님의 저주와 약속 사이에 있는 인간은 유혹받는 인간이다. 그는 평화롭고 고요한 상태에서 하나님의 말씀을 듣는 게 아니라, 거듭 독실한 체하는 물음을 거짓으로 꾸며 대며 듣는다. 그는 평화 상태가 아니라 적대와 전투 상태에서 하나님 편이 된다. 그러나 이 저주의 운명 속에는 늘 새롭게 쟁취되는 승리의 약속이 주어진다. 이 승리 속에서 인간은 뱀의 머리를 짓밟는다. 물론 그도 이 전투에서 부상자, 곧 패자인 뱀에게 발꿈치를 물리는 한 사람으로 남는다. 그는 하나님의 말씀을 위한 전투로 인해 상처를 입는다. 인간은 영웅이 아니라, 전투에서 물어뜯기는 자, 늘 새롭게 승리하는 자, 늘 새롭게 부상당하는 자가 되어야 하고, 그의 종족도 다 그래야 한다. 인간은 자신이 저주와 약속으로 받아들여 관철하는 이 전투 속에서 삶을 허락받는다.

　　선과 악을 알게 하는 나무가 아담과 하와에게 가져다준 새로움은 부끄러움과 병적 욕망이었다. 근원적 통일성의 분열, 남녀 연합의 가장 내적인 분열을 가리키는 가시적 표지는 여자가 남자와 병적으로 연합한 결과로 얻게 되는 노고다. 고통은 새로움, 곧 병적 욕망의 즐거움과 떼려야 뗄 수 없게 연결되어 있다. tob와 ra, 곧 즐거움과 괴로움은 의형제처럼 인간의 삶 속에 발을 들여놓는다. 괴로움을 아는 지식은 즐거움을 증대시키고, 즐거움을 아는 지식은 괴로움을 증대시킨다. 여자가 고통을 겪으며 낳아야 하고, 남자를 갈망해야 하고, 고통을 겪으며 남자를 섬겨야 하는 것은 여자의 굴욕이다. 여자는 제 뜻을 이루고 하나님처럼 됨으로써 이제 남자에게 속하도록 허락받는다. 그러나 이 소속은 저주이기도 하고 약속이기도 하다. 인간은 하나님처럼 tob와 ra를 아는 지식을 끝까지 만끽해야 한다. 하지만 그렇게 함으로써 그는 삶을 허락받는다. 그는 파괴된 세계에서 하나님을 마주하며, 하나님의 저주와 하나님의 약속 사이에서 **살고 있다**.

뱀과의 적대 관계는 인간의 대對 **하나님 관계**를 tob와 ra의 법칙, 저주와 약속의 법칙 아래, 곧 분열 아래 놓는다. 여자의 운명은 남녀의 **연합** 속에 자리한 저주와 약속, tob와 ra를 말한다. 그리고 셋째로 아담을 겨냥한 말씀은 인간과 **자연**의 근원적 관계의 파괴와 분열을 이야기한다. 이제껏 아담이 손쉽게 열매를 딸 수 있었던 밭, 그가 필요로 하는 것을 그에게 가져다주었던 밭, 땅, 대지, 토지는 아담의 행위 때문에 저주를 받는다. 그것들은 아담의 걱정거리, 아담의 노고, 아담의 수고, 아담의 원수가 된다. 하나님처럼 된 인간, 곧 제 힘으로 살 수 있다고 생각하는 피조물에 맞서 다른 피조물이 일어선다. 그 피조물은 인간에게 복종하지 않고, 인간을 외면하고, 인간에게 말이 없고, 수수께끼 같고, 불모 상태나 다름없다. 그러나 그 피조물은 인간에게 종속된 피조물로서 인간 자신의 타락으로 말미암아 분열되고, 주인 없는 상태가 되며, 결국에는 반항하며 절망하는 자연, 저주 아래 놓인 자연, 저주받은 밭이 된다. 이것이 우리의 대지다. 대지는 창조의 영광을 누리지 못하고 쫓겨나, 창조주를 자기 언어로 직접 분명하게 찬양하던 상태에서 낯설기 그지없고 수수께끼처럼 모호한 상태로 던져진다. 나무, 동물, 한때 창조주 하나님의 말씀을 직접 드러내던 것들이 이제는 어둠 속에 도사린 폭군의 이해할 수 없는 행동과 횡포를 기괴한 방식으로 가리킨다. 그 결과 저주받은 경작지에서 이루어지는 남자의 **노동**은 타락한 인간과 자연의 분리를 가리키는 표현이 된다. 다시 말해 노동은 저주 아래 있지만 동시에 근원적 일치에 대한 병적인 갈망의 표현이 된다. 다시 말해 노동은 인간으로 하여금 그가 떨어져 나온 자연, 그럼에도 그가 형제처럼 속해 있는 자연과 공존하게 하겠다는 약속 아래 있다. 경작지의 산물은 인간이 눈물을 곁들여

먹는 빵이 되지만, 저주받은 경작지에서도 인간을 존속시키시는 보존자의 은총의 빵das Gnadenbrot이기도 하다. 그래서 인간은 어머니 대지가 하나님의 저주 아래 있어도 그 대지에 성심을 다한다. 인간은 저주와 약속, tob와 ra, 즐거움과 괴로움 사이에서 노동하며 살되, 창조주 하나님 앞에서 산다.

이 세계가 일그러지고 망가진 세계인 까닭에, 인간은 하나님, 타인, 자연과 분리된 채로 살 수 없으며, tob와 ra의 분열 속에서도 하나님, 타인, 자연 **없이는** 살 수 없다. 그는 저주받은 세계에서 살고 있지만, 이 세계는 하나님의 저주를 짊어지고 있는 까닭에 하나님으로부터 완전히 버림받은 세계가 아니라, 오히려 하나님의 저주로 복을 받은 세계, 불화와 고통과 노동으로 진정된 세계, **생명을 보존하는** 세계다. 무엇을 위한 보존인가? 그 종착점은 어디인가? 답은 19절에 명시되어 있다. "너는 흙에서 나왔으니, 흙으로 돌아갈 것이다. 그때까지, 너는 얼굴에 땀을 흘려야 낟알을 먹을 수 있을 것이다. 너는 흙이니, 흙으로 돌아갈 것이다." 타락한 아담은 자신의 죽음을 목표로 산다. 그의 생명은 죽음을 목표로 보존된 생명이다. 어째서 그런가? 아담은 하나님처럼 된 인간으로서 선악을 알게 하는 나무의 열매를 먹음으로써 죽음을 삼켰기 때문이다. 아담은 죽기 전에 죽은 것 같은 상태다. 뱀이 옳았다. "너희는 하나님처럼 될 것이다. 너희는 절대로 죽지 않는다. 더 자세히 말하면 더는 존재하지 않는 것과 같은 죽음을 맞지 않는다." 그러나 창조주도 옳다. "그것을 먹는 날에는, 너는 반드시 죽는다. 더 자세히 말하면 하나님처럼 된 존재의 죽음을 맞는다." 우리는 이 전대미문의 불분명한 상태를 가까스로 간파하게 된다. 이를테면 뱀은 인간을 타락시키는 거짓말로 하나님의 진리를 말한다는 것이다. 하나님처럼 된 인간은 죽은 것 같은 상태다. 그는 생명나무에 접근하지 못하도록 차단되었기 때문이다. 그는 제 힘으로 살아도 사는 게 아니다. 그는 살아야 하지만 살지 못한다. 이것은 죽은 것 같은 상태tot sein를 의미한다.

그러나 이제 뱀과의 적대 관계, 남녀의 고통스러운 연합, 저주받은 경작지는 분열 속에서 살지 못하는 상태에 대한 하나님의 자비가 된다. 인간은 분열 속에서 보존된 자로서만 살되, 죽음을 목표로 해서만 살 수 있다. 그는 삶으로부터 달아날 수 없다. 하지만 그렇게 자비로운 보존 속에서 살아가는 인간에게 죽음은 가장 무시무시한 최후의 저주로서 흙으로 돌아가는 것이자, 은혜로우신 하나님의 약속이다. 아담은 이처럼 흙으로 돌아가는 것, 곧 죽음을 자신이 현재 겪고 있는 죽은 듯한 상태의 죽음, 하나님처럼 된 존재의 죽음으로 이해하지 않으면 안 된다. 죽음의 죽음이야말로 이 저주에 담긴 약속의 성격이다. 아담은 이 죽음을 하나님이 세계 창조의 소재로 삼으신 무無로 돌아가 잠기는 것으로 이해한다. 그에게 무는 궁극적 약속이자 죽음의 죽음이다. 그런 이유로 아담은 자신의 생명이 무를 목표로 보존된 것이라고 여긴다. 신앙에서 탈락한 아담이 죽음의 실제적 죽음은 무가 아니고 살아 계신 하나님이라는 사실을 어찌 알겠는가? 이 무는 존재하지 않으며, 죽음의 죽음에 관한 약속은 무가 아니라 오직 생명, 곧 그리스도 자신이라는 것을 어찌 알았겠는가? 이 죽음의 약속 안에 이미 죽음의 종말, 곧 죽은 자들의 부활이 언급되어 있다는 것을 아담이 어찌 알았겠는가? 고이 죽는 것, 곧 어머니 대지로 귀환하는 것 속에 이미 하나님이 또 한 번 대지와 체결하려고 하시는 평화조약, 부활의 세계라는 새로운 복지福地 위에 조성하려고 하시는 평화가 암시되어 있다는 것을 아담이 어찌 들을 수 있었겠는가?

3:20   생명이 있는 모든 것의 어머니

아담은 자기 아내의 이름을 하와라고 하였다. 그가 생명이 있는 모든 것
의 어머니이기 때문이다.

아담은 저주를 선고받은 자기 아내에게 생명이 있는 모든 것
의 어머니라는 이름을 지어 준다. 실로 방자한 환호, 반항심,
자만심, 의기양양한 모습이 아닐 수 없다. 아담은 자기 창조주
에게서 탈취한 것을 프로메테우스처럼 떠벌이고, 자기의 전
리품, 곧 그동안 새로운 방식으로 결합한 자기 아내와 함께,
이제부터 자신들이 짊어져야 할 저주의 운명을 무릅쓰고 창
조주와의 결별을 선언하고 있는 것처럼 보인다. 타락한 하와
는 옛사람의 어머니다. 그녀로 말미암아 모든 즐거움과 모든
괴로움이 시작되었다. 그녀는 그녀의 모든 자손, 아는 이들,
즐거움과 괴로움으로 고통당하는 이들이 뒤돌아보며 감사하
기도 하고 비난하기도 하는, 최초로 아는 자die erste Wissende다.

아담에게 그녀는 하나님으로부터 벗어난 삶, 격정 속에서 근근이 유지되는 새로운 삶의 상징이다. 그러나 아담의 말 속에는 깊은 감사가 섞여 있다. 그가 자신에게 임한 저주에 대해 창조주께 바치는 감사다. 이는 엄청난 사실이 아닐 수 없다. 인간이 하나님으로부터 멀어진 세계에서 생명을 보존하게 되어서 하나님께 감사하고, 인간이 하나님처럼 되었으면서도 창조주께 감사하고, 반항과 자만으로 하나님처럼 된 인간임에도 자기 창조주를 저버리지 않고 감사하다니, 기이한 모순이 아닐 수 없다. 영리한 인류의 어머니로서 타락한 하와가 태초라면, 하나님의 어머니로서 죄 없고 무지한 마리아는 제2의 태초라고 할 수 있다.

3:21 **하나님의 새 행위**

주 하나님이 가죽옷을 만들어서, 아담과 그의 아내에게 입혀 주셨다.

이제 창조주는 보존자이시고, 피조 세계는 타락했음에도 **보존되는** 세계다. 저주와 약속, tob와 ra, 선과 악이 혼재하는 세계에서 하나님은 자신의 방식대로 인간을 상대하신다. 성서는 "그분께서 그들에게 옷을 지어 주셨다"고 말한다. 이는 하나님이 인간들을 있는 그대로, 즉 타락한 자들로 받아들이신다는 뜻이다. 그분은 타락한 인간들을 있는 그대로 긍정하신다. 그분은 그들이 벌거벗은 채로 서로 웃음거리가 되게 하시기보다는 그들을 가려 주신다. 하나님의 행위는 인간과 함께한다. 그러나 결정적인 것은, 그분의 행위가 정돈하고 제어하는 행위라는 것이다. 그것은 새로운 땅의 법과 인간의 법을 위반하는 것이 아니다. 그것은 그 법들 안으로 들어가는 것이다. 그러나 그것은 그 법들 안으로 들어감과 동시에 그것들을 제어하고 정돈하는 것이기도 하다. 다시 말해 그것은 그 법들의 악의, 그것들의 타락상을 지적하는 것이다. 하나님은 인간들에게 옷을 지어 입히시면서, 그들의 악의 때문에 이 행위가 필요함을 알리신다. 이로써 하나님은 그들의 병적 욕망을 **제어하시되** 없애지는 않으신다. 세계를 상대로 한 하나님의 보존하시는 행위는 다음과 같다. 하나님은 타락한 세계를 긍정하시고, 질서를 통해 제한하신다. 그러나 이 질서 가운데 어떤 것도 자체로는 영원성을 지니지 못한다. 모든 질서는 생명의 보존을 위해서만 존재하기 때문이다. 그러나 생명의 보존은 앞서 말한 대로 아담에게는 죽음을 향한 것인 반면, 우리에게는 그리스도를 향한 것이라고 할 수 있다. 우리네 타락한 세계의 모든 질서는 그리스도를 향한 보존의 질서다. 그것은 창조 질서가 아니라 보존의 질서이며, 자체로는 가치가 없고, 오직 그리스도를 통해서만 정돈되고 의미를 얻는 질서다. 인간을 상대로 한 하나님의 새 행위는 다음과 같다. 하나님은 인간을 그의 타락한 세계, 그의 타락한 질서 안에서 보존하셔서 죽음, 곧 부활, 새로운 창조, 그리스도를 향하게 하신다. 인간은 tob와 ra 사이에, 분열 속에 머무른다. 그의 tob(선)도 하나님의 선 너머에 머무른다. 그는 자신의 모든 것과 함께 하나님으로부터 멀어지고 추락하여, 타락한 세계, 지금도 계속 타락하고 있는 세계에서 tob와 ra로 분열된 존재로 머무른다. 그가 불분명한 상태에 있는 것은 그 때문이다. 그가 불분명한 상태에 있기 때문에, 창조와 타락에 대한 그의 모든 사고—뿐만 아니라 성서 기자의 사고—도 상상이 아닌 사실적인 것으로 머무는 한 이 모호한 상태에 매인다. 인간이 낙원과 아담의 타락을 두고 성서가 이야기하는 것과 똑같이 이야기하는 것은 그 때문이다. 그는 분열 상태에서 일치로 더는 돌아가지 못한다. 그는 빛의 운반자인 루시퍼의 빛과 하나님의 빛을 더는 분명하게 구별하지 못한다. 그는 불분명한 상태에 머물고, 하나님은 그의 새로운 세계, 하나님처럼 된 세계에서 그를 긍정하시며 보존하신다.

3:22 이하   생명나무

주 하나님이 말씀하셨다. "보아라, 이 사람이 우리 가운데 하나처럼, 선과 악을 알게 되었다. 이제 그가 손을 내밀어서, 생명나무의 열매까지 따서 먹고, 끝없이 살게 하여서는 안 된다." 그래서 주 하나님은 그를 에덴 동산에서 내쫓으시고, 그가 흙에서 나왔으므로, 흙을 갈게 하셨다. 그를 쫓아내신 다음에, 에덴 동산의 동쪽에 그룹들을 세우시고, 빙빙 도는 불 칼을 두셔서, 생명나무에 이르는 길을 지키게 하셨다.

마침내 이야기 전체가 이 구절들에 이르렀다. 이제껏 유난히 적게 언급된 생명나무의 중요성이 이 대목에서 비로소 실제로 파악된다. 이야기 전체에서 이 나무가 중요한 역할을 한다는 것은 주지의 사실이다. 아담은 하나님으로부터 생명을 받고, 생명나무가 서 있는 중앙에 기대어 살면서도, 이 나무를 건드릴 생각을 하지 않았다. 선과 악을 알게 하는 나무 때문에 생명나무는 위험에 처하게 된다. 어째서 그런가? 선과 악을 알게 하는 나무의 열매, 곧 선과 악을 아는 지식은 인간의 죽음이었고, 하나님처럼 된 인간은 살아 있는 인간이 아니라 죽은 것 같은 상태의 인간이기 때문이다. 달리 말해 죽음에 예속된 아담이 하나님처럼 된 상태로 죽을 수는 없어서 생명나무에 손을 뻗을 것이기 때문이다. 이 대목에서 뱀의 약속이 옳았음이 분명해진다. 창조주는 뱀의 약속이 참말임을 다음과 같이 확언한다. "사람이 우리 가운데 하나처럼 되었다." 인간은 하나님과 같다. 그는 제 의지를 가지고 있고, 그 자체로 창조자이고, 생명의 원천이며, 선과 악을 아는 지식의 근원이다. 그는 독존獨存하고, 제 힘으로 살고, 다른 것을 더는 필요로 하지 않는다. 그는 자기 세계의 주인이되, 자기만의 말 없고 억압된 세계, 침묵을 강요당하며 죽은 듯 있는 자기 세계Ichwelt의 고독한 주인이자 폭군이다.

하지만 그는 하나님처럼 된 인간으로서 뱀을 적대하지

않고는, 다시 말해 하나님 없이, 타인 없이, 다른 피조물 없이는 살 수 없다. 그는 사는 동안 양심과 후회 속에서 타자를 끊임없이 실제로 마주하는 것처럼 보이려고 힘쓴다. 그는 자기를 고발하고, 자책하고, 자찬하지만, 이 모든 것은 메아리 없는 독존獨存의 지독한 고독을 넘어선 것으로 가장하는 몸짓에 지나지 않는다. 그는 자신이 하나님처럼 됨으로써 무엇을 잃어버렸는지를 안다. 그는 자신의 잃어버린 생명을 알고 있다. 그는 자신이 **죽어야만 한다**는 것도 알고 있다. 그러나 그는 까닭 없이 하나님처럼 된 게 아니다. 그는 자신의 죽음을 아는 이 지식에 기대어 죽음을 허락하고 자신의 생명을 처분하는 끔찍한 즐거움까지 얻는다. 그는 자신이 하나님에게서 오는 생명 없이 살아야만 한다는 사실, 자신이 하나님처럼 된 자로서 생명 없이 살도록 판결받았다는 사실이 곧 자신의 죽음임을 인정한다. 하지만 그는 죽음에 예속된 자로서 이 인식을 죽음을 허락하는 즐거움으로 전도시킨다. 아담의 죽음이라는 이 최후 현실을 표현할 수 있는 것은 이 역설적 진술뿐이다. 살려고 하나 살 수 없고 그럼에도 살아야만 하는 것, 바로이것이 하나님처럼 된 인간의 죽은 것 같은 상태das Totsein다. 그리고 아담의 생은 이 현존Dasein에 맞서 지속적으로 거듭 반항하고, 생명을 원망하고, 생명을 움켜쥐고, 이 생명을 끝장내고, 새로운 생명이 되려고 하는 몸짓이라고 할 수 있다. 아담은 무슨 일이 있어도 **생명**을 원한다. 그는 실로 보존된 세계에서 살아도 된다. 하지만 그는 영리해서, 이 생명이 사멸Tod로 이어진 생명이며, 따라서 죽음Sterben이라는 것을 안다. 이제 그의 살고자 하는 병적 욕망은 끝이 없다. 그는 하나님처럼 된 존재의 죽음 속에서 생명에 대한 극도의 갈증에 사로잡힌다. 그리고 이 갈증은 기이한 형태를 띤다. 그 이유는 아담의 상황이 다음과 같이 절망적이기 때문이다. 그는 제 힘으로 살고, 자기 자신에 사로잡혀 있고, 자기 자신만을 원하고, 자기 자신을 갈망한다. 게다가 그는 자기 자신의 하나님, 자기 자신의 생명 창조자가 된 상태다. 그는 하나님을 찾고, 생명을 찾지만, 이는 정확히 말하면 자기 자신을 찾는 것과 다름없다. 다른 한편, 그의 독존獨存,Alleinsein, 그의 자기 안주Insichruhen, 그의 즉자 존재Ansichsein가 그를 끝없는 갈증 속으로 밀어 넣는다. 그러므로 아담이 생명과 관련하여 절망적이고 해소할 수 없는 영원한 갈증을 느끼는 것은 본성에 어울리는 일이다. 그것은 본질상 죽음에 대한 갈증이며, 아담이 생명을 열렬히 중시하면 중시할수록, 죽음에 점점 더 깊이 끌려 들어가는 것이라고 할 수 있다. 그런 까닭에 생명에 대한 아담의 갈증은 도착된 갈증이다. 생명 없이 극심한 고통을 겪는 아담은 자기 자신의 죽음을 원한다. 어쩌면 그는 죽음이 자기에게 생명을 선사해 주기를 바라는지도 모른다. 그때나 지금이나 아담은 스스로를 아담으로 여긴다는 점에서 영원한 생명을 바라는 것이 아니라, 사멸을 바란다. 그는 죽고 싶어 한다. 우리 가운데 누가 영원히 살기를 바라겠는가? 그러나 아담은 바로 이 죽음 속에서 생명 없이 살아야만 하는 고역으로부터 자신의 목숨을 구할 수 있게 되기를 바란다. 따라서 이것은 생명으로부터 달아나는 것임과 동시에 생명을 붙잡으려고 하는 것이라고 할 수 있다. 그것은 한 사람이 하나님에게서 달아남과 동시에 하나님을 찾는 것이고, 하나님처럼 되려고 하면서 동시에 생명나무를 붙잡으려고 하는 것이기 때문이다. 그러나 그가 생명나무를 붙잡는 것은 허용되지 않는다. 아담은 하나님처럼 되지만, 그 자체로는 죽은 것 같은 상태나 다름없다. 아담은 선과 악을 알게하는 나무의 열매를 먹었으나, 이 열매가 그에게 안겨 준 생명나무에 대한 갈증은 해소되지 않고 남는다. 이때부터 생명나무가 서 있는 낙원과 아담의 경작지를 가르는 경계가 정확히 그어진다. "그를 쫓아내신 다음에, 에덴 동산의 동쪽에 그룹들을 세우시고, 빙빙 도는 불 칼을 두셔서, 생명나무에 이르는 길을 지키게 하셨다." 경계는 조금도 옮겨지지 않았다. 늘 있던 자리, 곧 아무도 범할 수 없도록 생명나무가 자리한 한가운데에 그대로 있다. 반면에 아담은 이제 다른 곳에 있다. 이 경계는 그의 삶 한가운데에 더는 존재하지 않고, 밖에서 그를 괴롭힌다. 그는 그 경계를 향해 끊임없이 돌진하는 수밖에 없다. 하지만 그 경계는 번번이 그에게 방해가 된다. 그룹들Cherubim의 빙빙 도는 불 칼 때문에 누구도 살아서는 통과할 수 없다는 점에서, 독일 동화『장미 공주das Dornröschen』(가시에 찔려 100년 동안 잠자는 공주 이야기—옮긴이)와『타오르는 불꽃die Waberlohe』("니벨룽겐의 노래"에 등장하는 여왕 브룬힐데Brunhilde의 잠자리를 지켜 주는 불꽃—옮긴이)은 본문 기사와 차이가 있다. 생명나무는 죽음의 파수꾼들이 지키는 까닭에 손대지 않은 상태, 접근할 수 없는 상태로 남아 있다. 그러나 아담은 외곽에 살면서 닫힌 왕국을 끊임없이 공격한다. 도망치고, 탐색하고, 자기가 잃어

버린 것이 무엇인지를 저주받은 경작지에서 알아내고, 그런
다음 빙빙 도는 불 칼을 들고 선 파수꾼들을 향해 거듭 절망
적으로 돌진한다. 파수꾼의 이 칼은 빙빙 도는 예리한 칼이다.
성서 저자가 이 사실을 까닭 없이 말하는 게 아니다. 이는 아
담도 알고, 거듭 직접 느끼는 사실이다. 하지만 문은 닫힌 채
로 있다.

창세기

4장

4:1 　　　**가인**

아담이 자기 아내 하와와 동침하니, 아내가 임신하여, 가인을 낳았다.

이 구절은 앞서 일어난 것의 필연적인 귀결이다. 아담과 하와, 곧 하나님처럼 되어 죽음에 예속된 인간들은 자신들의 새로운 연합을 새롭게 입증해 보인다. 그들은 새로운 생명의 위풍당당한 창조자들이 된다. 하지만 이 새로운 생명은 인간과 죽음의 병적인 연합으로 창조된 생명이다. 가인은 **저주받은** 경작지에서 태어난 첫 번째 인간이다. 가인의 등장과 함께 비로소 역사, 곧 죽음의 역사가 시작된다. 죽음을 목표로 보존된 아담, **생명**에 대한 갈증으로 수척해진 아담이 **살인자** 가인을 낳는다. 하나님처럼 된 자로서 직접 타인의 생명을 빼앗는 것, 바로 이것이 아담의 아들 가인 안에 도사린 새로움이다. 인간은 생명나무의 열매를 먹도록 허락받지 못한 까닭에 죽음의 열매, 곧 생명 파괴를 향해 게걸스레 손을 뻗는다. 오직 창조주만이 생명을 거두실 수 있는데도, 가인은 창조주의 이 최후 권리를 주제넘게 차지하여 살인자가 된다. 가인은 어째서 살인을 저지르는가? 하나님에 대한 증오심 때문이다. 이 증오심은 컸다. 가인은 큰 자다. 그는 아담보다 큰 자다. 그의 증오가 더 컸고, 다시 말해 생명에 대한 그의 병적 욕망이 더 컸기 때문이다. 가인의 표 아래에는 죽음의 역사가 자리하고 있다.

그리스도께서 십자가에 달리신 것, 하나님의 아들이 죽임을 당하신 것, 이것이야말로 가인의 역사의 종말이자, 역사 일반의 종말이다. 이것이야말로 낙원의 입구를 향한 최후의 필사적 돌진이다. 인류는 빙빙 도는 불 칼 아래서, 곧 십자가 아래서 죽지만, 그리스도께서는 사신다. 십자가의 기둥은 생명의 나무가 되고, 세계 한가운데, 곧 저주받은 땅에 생명이 새롭게 세워진다. 세계 한가운데, 곧 십자가의 나무에서 생명의 샘이 솟구친다. 생명을 갈망하는 모든 이가 이 샘으로 소집

된다. 이 생명나무의 열매를 먹은 이는 결코 굶주리지도 목마르지도 않는다.(요 4:14 참조—옮긴이) 기이한 낙원인 이 골고다 언덕, 이 십자가, 이 피, 이 찢어진 살, 특이한 생명나무, 하나님이 친히 달려 고난당하시고 죽으실 수밖에 없었던 이 기둥, 그러나 하나님이 은혜로이 다시 선사하신 생명과 부활의 나라, 영원한 희망의 열린 문, 기다림과 인내의 문, 생명나무, 그리스도의 십자가, 타락하고 보존된 하나님의 세계의 한가운데, 바로 이것이 낙원 이야기가 우리에게 전하는 결말이다.

오늘 그분께서 다시 여시네,
아름다운 낙원에 이르는 문을.
천사는 거기에 더는 서 있지 않네.
하나님께 찬양과 존귀와 영광이 있기를.
— 니콜라우스 헤르만Nikolaus Hermann의 찬송가 가사

찾아보기

성구

주제 · 인명